VOYAGE AU BOUT DE L'ANGOISSE

Pascale Leroy

VOYAGE AU BOUT DE L'ANGOISSE

Éditions Anne Carrière

ISBN : 2-910188-91-4

Pour F. qui disait
qu'il ne faut jamais rien écrire...
En gage de légèreté.

Je ne connaîtrai pas la peur car la peur tue l'esprit. La peur est la petite mort qui conduit à l'oblitération totale. J'affronterai ma peur. Je lui permettrai de passer sur moi, au travers de moi. Et lorsqu'elle sera passée, je tournerai mon œil intérieur sur son chemin. Et là où elle sera passée, il n'y aura plus rien. Rien que moi.

Frank HERBERT (Litanie contre la peur, extrait de *Dune*)

Prélude

« Il y a des jours où ce n'est pas le jour », écrivait joliment Prévert.

Ce devait être un jour comme ça. Pourtant, ça avait l'air d'être un beau jour. Un après-midi ensoleillé de mai, à promener mon bébé tout neuf dans sa poussette. Il gazouille et je gâtifie, allégrement relayée par ma meilleure amie encore tout étonnée de me découvrir en jeune mère ravie. La vie, qui s'était appliquée à me malmener pendant plusieurs années, est enfin douce et paisible.

Et puis... Mes jambes flageolent, mon cœur s'affole, le sol se dérobe, je me sens partir, m'évanouir, mourir peut-être... J'ai peur. Sensation vertigineuse et violente qui me neutralise en un éclair de seconde sans que je puisse rien contre elle.

Mine étonnée de mon amie Juliette, scrutant les signes avant-coureurs de ma mort imminente, mais elle ne distingue rien, vraiment rien, et m'assure que ce n'est qu'un petit malaise passager, une chute de tension peut-être, rien de grave.

« Respire, ça va passer », recommande-t-elle.

Mais je ne peux pas respirer, tout entière aspirée par quelque chose qui me dépasse et m'emporte loin, très loin. J'ai peur, tellement peur. Je veux rentrer. Vite !

Mes jambes, qui ne flageolent plus du tout, m'aident même à courir plus qu'à marcher jusqu'à la maison. M'allonger, me calmer, laisser cette ignoble impression se dissiper.

Inquiète, j'interroge Juliette : « Tu es sûre, ce n'est rien ? »

D'abord elle sourit, rassurante : « Tu vois bien que tu es toujours là, il ne s'est rien passé. » Puis, devant mon insistance, elle s'impatiente : « Enfin, ne sois pas ridicule, ça arrive à tout le monde ! Si l'on devait appeler le Samu à chaque fois que quelqu'un a un vertige, Paris ne serait plus qu'un parking d'ambulances ! »

Je comprends qu'il vaut mieux me taire. Elle, en tout cas, ne comprend pas ce que je ressens. Moi non plus d'ailleurs.

Avec le sentiment d'être rescapée d'une catastrophe, j'éprouve le besoin de reprendre contact avec la réalité. Comme pour m'assurer que je ne rêve pas. Que je suis bien en vie. Que les êtres et les choses se trouvent encore à la même place. Je touche bébé, qui continue à gazouiller, imperturbable. Je lui parle. Je prépare son goûter. *Toc, toc, toc,* une cuillerée de petit-suisse contre la quenotte qui vient d'apparaître. Il rit, plonge ses mains dans l'assiette, rit de plus belle. Il est irrésistible, et je parviens à sourire. Mais il me semble être encore très loin de tout. Emprisonnée dans une vision de cauchemar.

J'appelle l'homme de ma vie. Protecteur et attendri, il écoute, questionne et conclut, paisible :

« Eh bien, tu vois, c'est terminé, je te rapporterai un petit cadeau tout à l'heure.

– Non, pas de cadeau, ce n'est pas la peine, ou plutôt si, mais alors... des comprimés de calcium ! »

Silence interloqué à l'autre bout du fil.

« J'ai déjà eu un truc comme ça, il y a quelques années ; le toubib m'avait prescrit des piqûres de calcium. Formidable ! »

Lorsqu'il arrive avec le calcium effervescent, je me jette dessus comme si mon salut en dépendait. Il me contemple, amusé et amoureux, et me trouve belle, « tu vois, tout va très bien ». Il veut m'emmener au cinéma. Je crève d'envie de rester tranquille à la maison. Je me sens sonnée, étourdie et pas encore tout à fait moi-même. Quelque chose est tapi au fond de moi, tenace, lancinant, envahissant ; quelque chose de moche, quelque chose de lourd, quelque chose d'indicible surtout. La peur. Peur de ressortir, de ressentir les mêmes sensations détestables, de revivre le vertige. Peur de ne pas arriver à être bien. Peur de ne pas profiter. Peur d'un danger que je ne parviens pas à identifier.

Vague protestation, tentative de négociation. « Je pourrais te préparer un petit dîner...

– Mais non, sortir te fera du bien », affirme-t-il, un peu surpris par mon inhabituel désir pantouflard.

Sur sa moto, je ne pense qu'à « ça ». Je me sens mal, inquiète, tendue, nerveuse. Il ne trouve rien de mieux que de m'emmener sur les grands boulevards, où la foule me terrifie. Il faut attendre, piétiner, descendre jusqu'à la salle, supporter l'obscurité, l'enfermement au milieu de tous ces gens parmi lesquels je me sens si étrangère ce soir-là.

Bagdad Café est un très joli film. Et le dîner est doux avec mon bel amour. Mais rien ne réussit à me détourner de ce malaise de l'après-midi, à dissiper la chose blottie, lovée en moi. Elle s'insinue, s'étend, imprègne chacune de mes cellules. Je ne ménage pas mes efforts pour faire bonne figure mais c'est plus fort que moi, je ne suis pas tranquille.

Comment lui expliquer ? Comment lui raconter ce qui fiche le bordel dans ma tête en même temps que cela m'anesthésie ? J'ose une question : « Tu crois vraiment que ce n'était pas grave ? Je ne peux pas être malade ? »

Il rit en découvrant sa dent légèrement cassée qui lui donne ce sourire si désarmant : « Écoute, petite fille, sois raisonnable... »

Je m'efforce donc de me montrer raisonnable. Et nous parlons d'autre chose.

Je me souviens parfaitement de ce jour qui n'était pas le jour. À dessein, j'ai oublié la date, afin de n'être pas tentée de m'encombrer d'un anniversaire inutile et douloureux. Mais je sais que, ce samedi-là, quelque chose avait basculé. Restait à savoir pourquoi « elle » m'était tombée dessus comme ça, sans crier gare.

Bonjour l'angoisse !

Prise de pouvoir

Ils ont raison, tous autant qu'ils sont, amant, famille, amis : je ne suis pas morte ce samedi de mai. Ni les jours suivants, d'ailleurs. Mais, hélas, j'ai raison moi aussi : il y a désormais un avant et un après ce samedi de mai. Comme ces mauvaises publicités pour lessives qui montrent le vêtement avant et après le lavage : avant, il a de la tenue, des couleurs ; après, il est mou, terne et passé. Ainsi la peur, pareille à une lessive trop agressive, a-t-elle décoloré ma vie, d'un seul coup.

Oh, ce n'est rien ! Rien du tout. Je ne cesse de me le répéter intérieurement, méthode Coué d'un nouveau genre. « Ça va passer, ça va passer, ça va passer. Tout va bien. Tout va bien. Tout va bien... » Pourquoi ai-je besoin de me persuader ainsi ? Qu'est-ce qui ne va pas ? La vie continue, si semblable et si différente. Rien n'a changé, sauf que je suis maintenant habitée par la certitude que « ça » peut revenir et me terrasser, à tout instant. La première fois, le malaise m'avait surprise ; dorénavant, je le guette, l'attends. Dans l'espoir, peut-être, de pouvoir y faire face...

Et c'est revenu. Dans la rue, toujours. Avec toujours les mêmes sensations, les mêmes impressions. Je me sens « partir », comme si je perdais contact avec le monde. Une force d'une violence inouïe m'emporte ailleurs. L'énervement me gagne, je me crispe, me raidis, mon corps se tétanise, j'ai chaud et froid tout à la fois, je transpire et je tremble, je me sens vidée de toute mon énergie. Mon cœur bat à une cadence affolante. Mes jambes sont molles et ma tête est prise dans un étau où se cognent des pensées catastrophistes. Je vais tomber ou étouffer ou mourir ou me perdre ; je ne vais plus savoir où je vais, comment je m'appelle, je ne pourrai plus parler. Je vais me mettre à courir, hurler, frapper, commettre un acte insensé, dément. Je vais devenir folle, personne ne pourra m'aider, il n'y aura rien à faire... Dans ce chaos de pensées désordonnées, un seul point commun : le sentiment d'inéluctabilité. Et l'impossibilité d'agir, de réagir. À chaque fois, je suis prisonnière, emportée par le désordre, ligotée par la peur. Ignoble peur. Et à chaque fois, le drôle de malaise me laisse plus inquiète et plus désemparée.

J'appelle cela des malaises. « Crises » serait peut-être plus exact... Je ne sais quel nom donner à ce mal étrange qui me fait tant souffrir et, même après toutes ces années, je cherche encore le mot juste. Les Américains parlent d'attaque de panique. Ils ont raison : il s'agit bien d'une attaque en règle, et je suis seule face à un adversaire puissant et rapide qui ne me laisse aucun répit, aucune chance de m'en sortir. Il me cerne, m'encercle, puis fond sur moi pour mieux me neutraliser. Mais l'attaque suggère quelque chose de rapide et fulgurant, tandis que chez moi, même s'il y a des sommets, le mal est plus lent, plus insidieux. Les attaques successives font planer un malaise persistant sur ma vie tout entière. Elles déteignent sur le reste du temps. Elles m'imprègnent. Comme une menace qui rôde en permanence et que je ne peux ni identifier ni localiser.

Je me sens assiégée, paralysée mais, dans un réflexe de fierté et de survie aussi, je veux sauver la face et continuer à crâner. C'est dans mon travail que cela se révèle le plus difficile. Je suis journaliste dans un magazine familial, chargée des rubriques « culture » et « société », mon métier me porte à bouger, rencontrer, écouter, découvrir. Il m'ouvre sur le monde, et voilà que, soudain, sans raison raisonnable, le monde m'effraie. Alors, je triche, je me dédouble. Pascale n° 1 s'applique à faire bonne figure aux réunions de rédaction en proposant des sujets d'articles, tandis qu'au même moment Pascale n° 2 songe avec effroi qu'elle ne pourra jamais terminer ces papiers, parce qu'elle mourra en cours d'enquête. Seul mon orgueil m'interdit de demander un arrêt maladie.

Comme me l'a dit mon rédacteur en chef un jour où j'avais le culot d'exprimer une opinion trop personnelle : « On se fiche de tes états d'âme. »

Un après-midi d'été, je quitte le journal à la Bastille pour une interview non loin de là, dans le XIe arrondissement, j'appréhende mais, têtue, je décide d'y aller à pied. Dehors, il fait beau ; le soleil me nargue... Soudain, la panique. Comme d'habitude. Plus forte encore que d'habitude, puisque je me précipite dans la première pharmacie où je m'effondre sur une chaise. J'explique tant bien que mal que je ne comprends pas ce qui m'arrive, de la tachycardie, un vertige, que sais-je ; je feins la surprise, comme si c'était la première fois. Tête impassible du couple de pharmaciens qui me tend une boîte de décontractant, vendu sans ordonnance, censé mettre fin à ce petit incident. Je reprends mon souffle, les remercie de leur gentillesse et repars, chancelante, convaincue que je ne pourrai pas faire un pas de plus, que cette fois je vais y passer, m'évanouir en pleine rue, sans personne pour venir à mon secours. Je scrute les voitures qui filent sur le boulevard Richard-Lenoir et aperçois enfin mon sauveur : un taxi ! Sauveur-râleur qui prétend que j'irais plus vite à pied mais, est-ce par pitié pour mon air hagard ou par espoir d'un pourboire décent, il accepte de me conduire.

C'est une anecdote parmi d'autres. Celle-là plus

que d'autres, parce que c'est la seule fois où je suis allée chercher de l'aide, même si, par la suite, j'ai pris l'habitude de repérer du premier coup d'œil toutes les croix vertes clignotantes, indispensables promesses de refuge pour mon désarroi incommunicable. Celle-là aussi parce que, ce jour-là, j'ai senti confusément que je ne pourrais plus marcher seule dans la rue.

Autre jour, autre interview. J'avais ramé pour rencontrer un chanteur d'ordinaire peu loquace avec les médias. J'étais fière de cette petite victoire. Pourtant, je m'étais efforcée de convaincre la rédaction que, finalement, il n'avait aucun intérêt... parce qu'il habitait à une cinquantaine de kilomètres de Paris et que je devais prendre le train seule pour me rendre jusqu'à sa belle maison !

Une semaine avant ce jour maudit, je ne pensais qu'à cela : moi, perdue dans la gare grouillant de monde, enfermée dans un train dont je ne pourrais pas m'échapper. Tous mes efforts pour penser à autre chose restaient vains, je revenais toujours à ce trajet qui me terrifiait à l'avance, j'anticipais... Et je me suis retrouvée un matin, gavée de tranquillisants, marchant à pas serrés sur un quai de la gare d'Austerlitz, priant le ciel pour qu'il ne m'arrive rien. Personne pour entendre mes prières. À chaque arrêt, j'ai ouvert les portes, seule l'idée que je pouvais m'enfuir parvenant à me calmer quelques instants, le temps que le train redémarre, et avec lui la peur.

Quelques semaines après, c'est un grand médecin que je dois aller voir à Sceaux. Non en tant que patiente, pour une interview encore. La seule idée de monter dans le RER me paralyse. Je ne prends déjà plus ni bus ni métro, alors le RER, avec ces escalators qui vous descendent dans des profondeurs étouffantes, c'est au-dessus de mes forces. Je ne pourrai pas. Prendre un taxi serait pure folie et la direction n'ira pas jusqu'à m'offrir l'aller-retour Paris-Sceaux avec chauffeur. Comment faire quand on est une grande fille reconnue saine de corps et d'esprit, fantaisiste certes mais néanmoins responsable, pour expliquer qu'il y a un problème, et que, malgré toute sa bonne volonté, on ne peut pas ? Je ne pourrai pas.

Je jette mon dévolu sur ma meilleure amie. Quinze ans de fous rires, de confidences, de coups de gueule, d'escapades, de folies, inclinent à la transparence. D'autant qu'elle a eu le privilège d'être témoin non seulement de mon mariage, mais aussi, mais surtout, de ma première crise du mois de mai précédent. Quatre mois déjà ! Comédienne à ses heures, heureuse épicurienne devant l'Éternel, Juliette accepte donc de m'accompagner à Sceaux, jure que cela lui fait plaisir, ce médecin a l'air tout à fait passionnant, elle se fera passer pour une jeune stagiaire !

Le long des interminables couloirs de la station Nation, je m'agrippe à son bras, et dans le wagon, nerveuse, inquiète, je ne cesse de l'interroger : « Tu es sûre, il ne peut rien m'arriver ? » Madame Irma improvisée, elle ne voit rien dans sa boule de cristal, rien qu'un petit trajet en RER dont nous sortirons toutes deux, et moi surtout, vivantes et entières. Elle rit et me rassure. Elle est là, quand bien même il m'arriverait quelque chose, elle s'occuperait de moi. Moi, je pense qu'aussi forte soit-elle Juliette ne m'empêcherait jamais de mourir dans l'instant. Car c'est bien de cela que je suis menacée : de mort imminente ou de toute autre catastrophe à laquelle ni elle ni personne ne peut rien pour me sauver.

Je pars faire les courses pour un dîner avec mon bel amour. Un peu de saumon pour un tendre tête-à-tête. J'ai peur de sortir mais je répugne à dire l'indicible. Je marche en comptant intérieurement mes pas pour ne pas laisser de place à l'intruse. Il y a du monde chez le poissonnier. Je me concentre sur les poissons qui soudain me font horreur, mais l'énervement gronde. Je ne peux pas rester là à attendre. J'ai peur, je suffoque, je peste contre ces goinfres indécis qui hésitent entre rascasse et colin, j'ai chaud, j'ai l'impression que je vais tomber, hurler... Je pars en courant pour fuir l'image qui m'obsède, et rentre à la maison, essoufflée d'avoir tenté de semer mon double. Je bredouille qu'il n'y avait plus de saumon, et rien de tentant, ce n'est pas grave, une bonne omelette après tout... Mon doux amant ne relève pas. Je ne dis rien. J'ai honte. Si seulement je pouvais éclater en sanglots et lui expliquer. Mais il n'y a rien à expliquer.

Petite scène ordinaire d'un matin ordinaire : je me lève et, dans l'ordre, je file préparer le café, prendre ma douche, réveiller Romain. Nous nous retrouvons dans le grand lit, la mère, le fils et l'amant pour le petit déjeuner. La peur est déjà là qui m'oppresse. Je suis nerveuse, agitée, j'explose pour un rien : parce que Romain ne fait pas d'effort pour enfiler sa chaussure, parce qu'il est trop lent, parce que Gilles renverse un peu de café sur le plateau, parce qu'il veut écouter les infos à la radio...

Gilles me dit de me calmer, me propose de me déposer à la crèche, puis au journal. Je refuse. Je n'ai besoin de personne. Je peux très bien y arriver toute seule. Je le clame haut et fort pour me convaincre. Mais la voix à l'intérieur de moi ironise que je n'y arriverai pas. Je parviens tout de même à descendre l'escalier (Dieu merci, j'habite au premier étage), à déplier la poussette et à y installer Romain, qui regarde étonné cette mère-volcan. Je franchis la porte du hall et, aussitôt, mes jambes se dérobent, mon cœur trépigne, mon esprit se brouille. Je me persuade que je vais y arriver et, agrippée à la poussette-canne qui n'a jamais si bien porté son nom, je parcours les quelques mètres de ma petite rue. Trois pas, puis je m'arrête, je veux rebrousser chemin, mais je lutte, résiste, refais trois pas en avant, m'arrête encore, reviens en arrière, repars, m'arrête une fois de plus et, de guerre lasse, retourne à la maison où, penaude, vexée, humiliée et malheureuse, je demande à Gilles si sa proposition tient toujours.

Adieu pieds et poussette, nous enfourchons la moto. Romain ravi, calé entre Gilles et moi, bat des mains et demande dans son drôle de langage : « Roule très, très vite, encore plus vite. »

Je le monte à la crèche, un long baiser pour faire oublier ma nervosité. Gilles m'attend en bas pour me conduire au journal. Si, pressé par un rendez-vous important, il me laisse du mauvais côté de la place de la Bastille, m'obligeant ainsi à la traverser à pied, je suis furieuse. Et paniquée. Tant de voitures, tant de bruit, et ces feux qui mettent si longtemps à passer au rouge...

Le soir, c'est ma sœur qui vient me chercher en voiture pour un trajet en sens inverse. Qu'ils sont longs, les quelques mètres qui séparent la porte du journal de la portière de sa R5 ! Escale à la crèche, puis retour à la maison où, si je ne dois pas sortir le soir, je peux enfin me détendre. À peine... Déjà se profile le cauchemar du lendemain, inlassablement recommencé.

Je voudrais raisonner, je n'y parviens pas. Moi qui suis ce qu'il est convenu d'appeler une femme sensée, je perds peu à peu tous mes repères. Suis-je en train de perdre la raison ? Je n'ai plus aucune prise sur mes pensées. Aucun recul sur ce qui m'arrive. Je subis. Je suis envahie par la certitude que, d'un instant à l'autre, le drame va se produire.

Pendant les premières semaines de notre cohabitation, les malaises ont eu le bon goût de ne se manifester que dans la rue ; bientôt ils me prennent n'importe où. Au travail. Au restaurant. Chez des amis. Chez moi. Partout... Je sens la petite bête qui monte, qui monte, qui monte, mais loin de se terminer en douce chatouille dans le cou, le jeu s'achève en apocalypse.

Je n'ai plus envie de rire. Jamais.

Comment expliquer que, plongée avec délice dans un bain réputé relaxant, je suis tout à coup pétrifiée à l'idée que je vais me retrouver paralysée, que ma tête va exploser tandis que mon corps se figera et que pas un son ne sortira de ma bouche, qui tentera, en vain, d'appeler au secours. L'image surgit sans crier gare et s'impose ; opaque, elle empêche de voir autre chose. Et je reste, impuissante, condamnée à me regarder en proie à des souffrances ausi intolérables qu'inattendues. Je ne peux me détourner de cette image-là qui me poursuit et me hante. Image obsédante qui ne me lâche plus. Parfois, je me confonds totalement à elle ; parfois, je la contemple, effrayée, incapable de m'en détourner. Mais elle est toujours là.

Désormais, toute ma vie n'est plus qu'angoisse. Tout me pèse. J'ai l'impression de faire semblant, de n'être plus présente aux êtres et aux choses. Je parle, je m'occupe de mon petit garçon, je travaille, je ris, je fais l'amour, mais sans jamais me sentir apaisée et sereine. L'angoisse tout le temps. Partout. Comme un écran entre le monde et moi. Rempart ou refuge ?

Je me couche en pensant à elle, et elle me cueille le matin au premier battement de cil. J'essaie de l'étouffer entre les bras de l'homme que j'aime et qui me rassure, mais elle résiste à tout. Elle est plus forte que tout.

Je m'épuise à faire comme si de rien n'était, sans résultat. Je caresse encore l'espoir de m'éveiller un matin en constatant son absence, mais tous les matins elle est là avant moi. À croire que jamais elle ne dort, jamais elle ne baisse la garde.

Je ne peux rien contre elle.

Comme une inconnue qui aperçoit une lumière dans la nuit et s'invite à la fête sans y avoir été conviée, elle a débarqué à l'improviste, et je lui ai aussitôt fait une place dans ma vie. Pouvais-je prévoir que, goujate mal élevée, pique-assiette parasite, elle s'installerait, se vautrerait, me dicterait sa loi ? Elle est envahissante, toute-puissante, omniprésente et tyrannique. Elle me squatte. Elle me vampirise.

Elle gâche tout. Elle ne respecte rien. Ni le plaisir, ni le désir, ni l'envie.

Et moi, je m'incline. Je me soumets.

Je ne prends plus le bus ni le métro.

Je limite mes déplacements.

Je ne sors plus seule.

Je vis au ralenti.

Je vis mal.

J'ai mal.

Envie de rester chez moi, cachée, recroquevillée sur moi-même pour me protéger, ne pas laisser à la peur la possibilité de s'immiscer. Peine perdue : elle n'est pas à côté de moi, elle est en moi.

À chaque fois, j'ai envie de hurler mais je ne dis rien. À peine si j'ose une question, toujours la même : « Je ne suis pas toute blanche ? » Ma pâleur serait le signe infaillible que je ne délire pas, qu'il se passe bien quelque chose en moi. Chance ou malchance, je ne suis jamais « toute blanche », ni même « un peu blanche ». Il faut me rendre à l'évidence : ces malaises que je ressens physiquement ne laissent aucune trace visible. « Ça » ne se voit pas, « ça » ne s'imprime pas sur mon visage.

Au début, ceux que j'interrogeais ainsi me regardaient attentivement, presque inquiets. Après tout, j'aurais pu m'évanouir, j'étais peut-être malade... Peu à peu, ils se sont mis à rire ou à s'énerver, au choix. « Non, tu n'es pas toute blanche, non, il ne peut rien t'arriver. » Ils n'ont même plus pris la peine de me regarder, se contentant d'affirmer, sûrs d'eux, qu'il n'y avait là rien de grave, pas de quoi s'affoler. Portée par la certitude générale, je me suis essayée à la sagesse et à la dérision. Hélas, je devais être trop jeune encore pour être sage. Et mon sens de l'humour, ma capacité à rire de tout et surtout de moi-même semblaient s'être dissous comme par désenchantement. Je crânais mais j'étais rongée de l'intérieur. Seule avec ma peur.

Pourtant, à force d'oser dire, un peu, j'ai découvert, étonnée, que je n'étais pas unique en mon genre. Combien en ai-je croisé qui m'écoutaient d'un air entendu et compatissant ! Puis elles racontaient à leur tour... Anne-Marie qui, à une période de sa vie, ne pouvait plus voir un pont et encore moins le traverser ! Patricia qui, à la vue d'un escalator, se mettait à suffoquer et à trembler, en proie au vertige et à la panique ; Agnès et Chantal qui ne sortaient plus de chez elles... Tant d'autres encore. Toutes, elles parlaient de leurs phobies, ces peurs si violentes que provoquent un objet, un animal, une situation.

Mais moi, je n'avais peur de rien en particulier. Tout en général me paniquait. S'agissait-il encore d'une phobie ? Si seulement j'avais pu savoir de quoi je souffrais !

Je me croyais malade. Que dis-je ! j'étais sûre d'être malade. Alors, j'ai commencé à consulter.

Quelques semaines à peine après le samedi désormais considéré comme fatidique, j'avais rendez-vous chez le gynécologue pour une visite annuelle. J'ai décidé de profiter de l'occasion pour exposer mon cas devant l'homme de science. Sa spécialité ne le prédestinait peut-être pas à décrypter des malaises qui, seule certitude, n'étaient pas à mettre sur le compte de la préménopause, mais, après tout, il pouvait avoir un avis. Et je lui faisais confiance. En plus de la compétence et de l'expérience, il possédait le don de dédramatiser. C'est dire comme j'avais besoin de lui.

Il a souri en écoutant le récit de mes terreurs et, hochant la tête d'un air entendu, m'a affirmé que je faisais de la spasmophilie. Quelques comprimés de magnésium suffiraient à me remettre les idées en place. Et en cas de crise, j'avais droit à un anxiolytique. Allez, dans un mois, on n'en parlerait plus !

Il avait été catégorique, le gentil gynéco, et je suis sortie de chez lui rassurée et apaisée. Pas l'ombre d'un soupçon de malaise en rentrant à la maison, je me sentais légère : mon cas n'était pas rare, loin s'en faut, et je ne souffrais pas d'une maladie incurable. La Faculté était formelle : j'étais saine de corps et d'esprit ! Ouf ! Voilà une révélation qui soulage.

J'avais confiance, j'allais guérir, le magnésium me sauverait.

Après plusieurs semaines de traitement suivi avec une application surprenante, les crises continuaient : le magnésium n'avait pas réussi à nettoyer mon cerveau de ses pensées dramatiques. Autour de moi, on comprenait mal mon impatience : il fallait attendre un peu pour en ressentir les effets bénéfiques. J'enviais la sagesse de tous ces inconscients qui ignoraient ce que j'endurais, mais je voulais les croire. Leur unanimité finirait bien par me convaincre.

L'accalmie tant espérée tardant à se manifester, sans rien dire à personne, j'ai pris rendez-vous avec la généraliste. Une femme formidable et sereine, qui sait faire la part entre le physique et le psychique. Elle m'a écoutée avec attention et sans sourire. Elle comprenait mon malaise, mais son diagnostic a été le même que celui du gynécologue. Magnésium et anxiolytiques pendant quinze jours viendraient à bout de mes cauchemars. Si, passé ce délai, les troubles n'avaient pas disparu, on aviserait.

Même soulagement en sortant de chez elle ; même désarroi en constatant que, les jours passant, l'angoisse résistait. J'ai réussi à attendre un mois et demi avant de retourner la voir, un peu décomposée. Son verdict est tombé comme tous les verdicts, à la manière d'un couperet : dépression ! J'ai protesté, effondrée. Je ne me sentais pas dépressive le moins du monde, je n'avais aucune raison de l'être, au contraire, ma vie prenait ces derniers temps une tournure plutôt agréable. Elle n'a pas voulu démordre de ce qu'elle avançait. Et, eu égard à mon passé tourmenté que je n'avais jamais pris la peine d'évacuer autrement qu'en fuyant tête baissée, elle m'a même recommandé « d'aller parler à quelqu'un », comme elle disait pudiquement. Sa suggestion a requinqué l'angoisse ! Moi, fraîche trentenaire aux pieds sur terre, rescapée de la maladie et de la mort de mes parents, de mon mariage éclair avec un mythomane reconnu par la Faculté, moi donc, la grande blonde décontractée, elle voulait m'envoyer chez un psychiatre ?

Cette fois, ce n'est pas apaisée mais accablée que je suis rentrée chez moi, avec deux adresses de psychiatre pesant des tonnes dans mon sac. Sous ses airs compréhensifs, cette généraliste ne comprenait rien. Elle jugeait inutile de faire des analyses de sang qui, j'en étais convaincue, auraient révélé une carence responsable de tous mes maux. Elle était sûre d'elle : ce n'était pas mon corps qu'il fallait soigner, mais ma tête. Je la croyais sans la croire. Je m'étais imaginée physiquement malade ; je me découvrais folle.

Les malaises se suivent, se ressemblent, se rapprochent, empirent. Épuisée, je finis par atterrir chez un ami de la famille, grand neurologue devant l'Éternel. Un beau quinquagénaire aux cheveux blancs et au regard bleu et doux qui inspire confiance. Chef de service de surcroît, voilà qui est sérieux. Cette fois, je prends les grands moyens !

En excellent neurologue, il découvre que je suis malade des nerfs ! M'explique patiemment que lesdits nerfs sont pareils à des ressorts. Si l'on tire trop dessus, ils perdent leur élasticité, se mettent en boule (les fameux nerfs en pelote) ou se distendent. Dans ce dernier cas, on se retrouve comme moi, pauvre petite chose en proie à tout un tas de maux désagréables.

Son explication, d'une simplicité enfantine, est limpide. Convaincante même. Mais...

« Je ne comprends pas pourquoi mes pauvres nerfs se retrouvent dans cet état-là maintenant. J'ai beaucoup tiré dessus, certes, mais c'était il y a plusieurs années... »

La science n'aimant pas les questions sans réponse, le neurologue explique encore que tout est très normal. Dévoués, les nerfs tiennent tant qu'on les sollicite, s'autorisant à se relâcher lorsque les choses s'arrangent et que l'on n'a plus besoin d'eux.

Je ne suis qu'à moitié convaincue : je veux bien être lente dans mes réactions, mais tout de même ! Est-il sûr que je ne suis pas dépressive ? Le médecin généraliste a dit que...

« Vous dormez bien ? Pas de réveil à 4 heures du matin ? Votre poids est stable ? Vous arrivez à travailler ? Vous n'êtes pas triste ? Votre vie est agréable ?

– Oui, je dors, oui, je mange (même si parfois j'ai

tendance à bouffer, voire à bâfrer), oui, je travaille et, que je sache, personne ne se plaint d'un laisser-aller dans mes articles. Non, je ne me réveille pas la nuit. Oui, ma vie est agréable... Mon fils va bien, je file le presque-parfait amour avec un homme merveilleux, mon travail me plaît, j'ai des amis fidèles, une famille proche... De quoi pourrais-je donc me plaindre ? Tout va très bien mais rien ne va ! Je ne vais même pas bien du tout. Ma vie est agréable, mais la peur la bousille. Elle me bousille. »

Catégorique, le neurologue : aucun symptôme répertorié d'une dépression digne de ce nom.

Tant mieux, mais j'insiste : n'ai-je pas besoin d'aller « parler à quelqu'un » pour faire un peu le ménage, tenter de pactiser avec un inconscient qui semble s'agiter ?

Il élude la question avec un haussement d'épaules : « Allons donc, une fille comme vous ! »

Eh bien, oui, une fille comme moi justement, qui ne sait plus trop à quel saint se vouer, qui a peur de tout, tout le temps, qui vire obsessionnelle, handicapée...

Il sourit, formel une fois de plus : il pourrait bien m'indiquer des adresses de médecins de l'âme, mais la solution n'est pas là.

Bon. Je devrais être rassurée mais je veux en avoir le cœur net : on m'a dit aussi que je souffrais de spasmophilie...

Là, il rit franchement sans rien perdre de son assurance : la spasmophilie n'existe pas. Il s'agit d'une fausse maladie, d'une invention des temps modernes pour médecins non qualifiés rangeant sous cette appellation fourre-tout les maux divers qu'ils ne savent pas trop comment soigner. Alors, le magnésium, si cela peut me faire plaisir ! Mais lui, petit, lorsqu'il avait peur de quelque chose, il chantait très fort « La tour prends garde, la tour prends garde, de te laisser abattre » *(sic)*, et cela se révélait très efficace. Un peu de sérieux ! Au diable les incompétents que j'ai vus avant lui ! Foin des poudres de perlimpinpin ! Lui, au moins, il sait de quoi il parle ; les nerfs se traitent avec de vrais médicaments.

Je ressors de chez lui avec de quoi abrutir un régiment. Cela m'est égal. Je regarde à peine l'ordonnance, feins de ne pas voir la mine affolée de la pharmacienne, ni les airs inquiets de mon entourage. Je m'en fiche... Qu'importe la dose pourvu que j'aie l'apaisement ! Je me fous bien d'être métamorphosée en zombie apathique, quand j'étais devenue zombie hystérique. Je ne veux plus avoir peur. Je ne veux plus avoir mal d'avoir peur. Je ne veux plus penser. Je suis prête à avaler n'importe quoi pour que l'angoisse se dissipe enfin.

Six mois ! Six mois déjà et rien n'est venu à bout de la peur. Au contraire, avec le temps, loin de baisser la garde, elle se montre même de plus en plus alerte, la garce. Au fur et à mesure que je m'étiole, elle s'étale.

Personne ne parvient à me convaincre que je ne

suis ni malade ni folle. Ni les médecins avec leurs diagnostics figés auxquels je me raccroche quelques heures. Ni ceux qui m'aiment et commencent à se lasser de ces crises permanentes qui me rendent agressive. Ni les uns avec leur science, ni les autres avec leurs sentiments ne comprennent rien à mon désarroi. Ni les uns ni les autres ne me prennent vraiment au sérieux. Je vois bien qu'il ne m'arrive rien. Jamais je ne m'évanouis, ni ne tombe, ni ne meurs. Voilà, selon eux, qui devrait suffire à me faire entendre raison. Être raisonnable ! Ils n'ont que ce mot-là à la bouche. Comme si c'était facile quand, justement, le propre de ma peur est de pulvériser ma raison, ou ce qui en tient lieu. J'ai donc essayé de me raisonner, comme ils disent. De faire comme si de rien n'était. De croire que cela passerait comme c'était venu. La lourdeur de la peur a eu raison de mes tentatives de légèreté. Même avec mon petit mètre soixante-dix-neuf, je n'étais pas de taille contre « elle ». Et, comme il est écrit dans les mauvais suspens, je sentais l'étau se resserrer, inexorablement. Plus de répit, plus de trêve. Ce doit être cela qu'on appelle obsession, quand les pensées les plus étranges et, en l'occurrence, les plus ignobles squattent le cerveau sans laisser de place à autre chose. Et plus on tente de s'en échapper, plus on s'y enfonce.

Je me surprends à prier, moi qui ai oublié les leçons des bonnes sœurs. « Délivrez-moi du mal. » Faites que « ça » s'en aille. Je veux redevenir comme avant. Sortir seule, et avec plaisir. Me réjouir d'un sourire de mon bébé, d'une caresse de mon amant, sans arrière-pensée aucune. Sans la certitude que c'est le dernier sourire, la dernière caresse, et que je vais me dissoudre, là, tout de suite, réduite à néant.

Est-ce vraiment la mort qui m'angoisse à ce point ou la certitude de mon impuissance à faire face à la vie qui vient ?

« Pourquoi c'est pas de la limonade ? »

« Pourquoi c'est pas de la limonade ? » me demande Léa à qui je viens de servir un verre d' « eau qui pique ».

Du haut de ses trois ans tout neufs, Léa veut savoir. Elle est à l'âge des pourquoi incessants, quand la curiosité en éveil, prétexte à un jeu de ping-pong entre les questions et les réponses, cherche à cerner les limites du savoir que l'on tend à lui inculquer.

J'hésite. Hasarde une explication. « Parce qu'ils ont oublié de mettre du sucre. » Puis, sans attendre le « pourquoi ils ont oublié de mettre du sucre ? », j'enchaîne : « Parce que le fabricant était très fatigué. Parce qu'il avait fait la fête la veille et s'était couché très tard. Parce qu'il a eu la flemme d'aller chercher le sucre. Parce qu'il a pensé que ce n'était pas grave. Parce que le sucre n'est pas très bon pour la santé. Parce que ça fait mal aux dents et ça fait grossir. Parce qu'il n'aime pas les gens gros. Parce que sa femme l'a quitté parce qu'elle le trouvait trop gros.

Parce qu'elle était tombée amoureuse d'un monsieur plus mince... »

Je pourrais continuer indéfiniment. J'aime bien chercher des explications. Et me dire, dans la seconde suivante, que je pourrais en trouver d'autres tout aussi valables.

Léa applaudit, boit une nouvelle gorgée entre deux hoquets de rire. Les bulles qui piquent font briller ses yeux, elle esquisse une grimace et, avalant enfin la gorgée qu'elle gardait en bouche à la façon d'un œnologue appréciant l'arôme et la persistance d'un grand cru, elle fronce le sourcil, observe le verre d'un air interrogateur. Enfin, elle me regarde, mi-gravité, mi-malice : « Oui, mais... pourquoi c'est pas de la limonade ? »

Puisqu'elle n'est pas satisfaite, je recommence. « Parce que ta maman n'en a pas acheté. Parce qu'il n'y en avait plus au supermarché. Parce qu'elle n'a pas eu le temps d'aller dans un autre magasin. Parce qu'elle était pressée. Parce que la baby-sitter devait rentrer chez elle. Parce qu'elle avait des devoirs à finir. Parce que la maîtrese leur donne beaucoup de travail. Parce qu'elle veut que ses élèves soient les meilleurs. Parce qu'on pensera qu'elle est la meilleure des maîtresses. Parce qu'elle a envie de devenir directrice... »

Léa est ravie. Moi aussi. Comme elle, je ne peux me résoudre à abandonner la partie. Je ne supporte pas le fatidique « parce que c'est comme ça ». Ce n'est pas du jeu. Si c'est comme ça, c'est qu'il y a une raison.

Limonade ou angoisse, même combat.

Pourquoi j'ai des angoisses ? Pourquoi moi ? Pourquoi maintenant ? Je devrais peut-être laisser passer, ignorer, faire comme si... Mais c'est comme ça et je veux savoir pourquoi.

Parce que je suis comme ça, justement.

Difficile de lutter contre soi-même. Et contre la certitude que l'angoisse n'est pas née de nulle part et ne cogne pas au hasard. Enracinée au très profond d'une mémoire oubliée, elle passe des années dans l'ombre et le silence, patiente, à étendre ses ramifications en attendant une heure qui pourrait ne jamais venir. Mais si elle surgit un jour, insatiable vorace, c'est qu'elle a une raison d'être. À sa façon, j'en suis sûre, elle pointe le doigt, désignant ce qu'on ne pouvait, ne voulait pas voir. Hélas, avec la grâce et la délicatesse légendaires de l'éléphant dans un magasin de porcelaine, sa grosse patte cache ce qu'elle tend à montrer. Pour trouver, il va falloir soulever, fouiller les débris, se couper, saigner, pleurer, se décourager, abandonner, recouvrir, recommencer, s'obstiner, tomber et se relever, se réjouir de victoires sans panache et encaisser les défaites d'une bataille sans autre ambition que de renverser un ennemi imaginaire qui a volé un secret dont on ne connaît rien. Don Quichotte n'est pas loin...

De tout cela je ne savais rien, ce samedi de mai. Je

me croyais forte, elle me découvrait friable, juste un constat, comme un effondrement, pour moi insupportable. Mais je recollerai les morceaux, j'assemblerai les éclats épars, et tant pis si le résultat final n'est pas conforme au souvenir. Il y a parfois de très mauvais originaux et les faussaires imaginatifs font preuve de plus de talent que le maître supposé.

Espoir ou vanité ? Quel est le secret ?

Tout est si flou.

L'illusion chimique

Par le miracle de la chimie, me voici abrutie, anesthésiée, camée en toute légalité, avec l'approbation, l'encouragement et la surveillance des autorités. Mais des paradis artificiels, il ne reste que l'artifice, grossier.

L'angoisse n'attaque plus de front, elle n'ordonne plus l'assaut mais, comme l'ennemi qu'elle ne cesse d'être, elle rôde, m'observe. Je devine sa présence et, médusée, je la découvre, star incontestée de scénarios catastrophe, que même les pires auteurs de série Z se refuseraient à tourner pour échapper au ridicule.

Elle me joue le festival d'Avoriaz ininterrompu, et dans la sélection horreur, je ne sais plus où donner de la palme. Dans tous ces navets délirants, je suis l'unique victime. Piégée, massacrée, tronçonnée, explosée, dynamitée, qui s'offre au supplice avec une résignation frisant la bêtise. Je regarde ma jumelle sur grand écran en Technicolor, et je la plains. Mais j'éprouve un lâche soulagement à la voir se débattre et, bien que sonnée, comateuse, coincée dans un fauteuil inconfortable, je jouis de ne plus être secouée comme un shaker à chaque apparition de la tronçonneuse.

Envolés les symptômes !

Je peux conduire Romain à la crèche, aller au journal, faire des interviews, prendre ma voiture. Comme une grande. Seule. Enfin presque. Avec les images dans la tête et les pilules toujours à portée de main. Je me reconnais une nette préférence pour les secondes. Il faut voir avec quelle application empressée je me jette sur elles, à heures fixes, plusieurs fois par jour, gourmande compulsive qui se régale de l'apaisement avant qu'on le lui retire. Tant pis pour la bouche pâteuse et les coups de pompe contre lesquels je lutte afin de ne pas m'entendre suggérer de diminuer les doses. Si je fonds devant l'angoisse, il ne sera pas dit, jolie consolation, que je ne résiste pas aux anxiolytiques.

Autour de moi, on respire.

Alors, guérie ? comme on dirait : alors, heureuse ? Ni guérie ni heureuse. À peine soulagée. Que demande le peuple ? Un peu de temps pour m'habituer à ce que je suis devenue. Une assistée permanente, dépendante hier de la patience de mes proches, aujourd'hui de l'efficacité des médicaments. C'est comme ça...

Après plus de deux mois de traitement lourd, je craque. Poursuivre serait pure gourmandise et, à la longue, à trop me gaver de ces friandises, je risque l'obésité, sans parler d'overdose. Le neurologue avait suggéré de réduire lorsque je me sentirais mieux. Je me sens mieux. J'arrête. Tout, et du jour au lendemain puisque je veux encore me croire forte. Besoin de rien ni de personne. À l'apathie succède l'euphorie. Mais elle est de courte durée. Deux jours de sevrage et tout cafouille. Nervosité, vertiges, étrangeté au monde et à moi-même et, surtout, la peur. Monstrueuse peur. Le sol n'en finit pas de se dérober sous mes jambes flageolantes, je m'enfonce, je m'enlise, je me perds... Non, pas ça ! N'importe quoi mais pas ça ! Je ne veux pas, je ne peux pas le supporter. Rengainant ma fierté, j'ose dire que ça ne va pas.

Agacement généralisé autour de moi. Voilà deux mois que je daignais leur ficher la paix, ils avaient fini par s'habituer.

« Mais qu'est-ce que tu racontes, tout va très bien.

– Je te jure, je me sens toute drôle... »

Personne ne me trouve drôle. En tout cas, personne ne rit. Pas même un sourire. « Qu'est-ce que tu vas encore imaginer ! » Haussement d'épaules, les yeux au ciel. « C'est dans ta tête tout ça. »

Je commence à le savoir, mais ce n'est pas fait pour me rassurer. Qu'est-ce qu'elle a ma tête, à dérailler ainsi sans rétablir le cap ?

Je dors mal, je me sens survoltée, prête à exploser

à tout instant. J'ai peur, peur, peur. C'est sûr, je suis en train de crever.

Faites-la taire !

Tuez-moi mais faites-la taire. À défaut de me tuer, continuez à m'abrutir. Enfermez-moi. Démolissez-moi, mais ne me laissez pas comme ça.

Seuls les anxiolytiques répondent à mes suppliques. Sans poser de question, sans juger ni râler, sans souligner tout ce qu'ils font pour moi, ni exiger de récompense en échange de leurs services déloyaux. Dociles, muets, fidèles. Sauf qu'à trop les dévorer, je les épuise.

À quoi ça ressemble un dealer diplômé ?

Le gynécologue qui me suit est décidément très gentil. Lorsque je vais le voir, après l'auscultation de rigueur, il conclut que tout va très bien, prescrit quelques traitements de routine, puis interroge, pareil à l'épicier : « Vous n'avez besoin de rien d'autre ? » Si, la p'tite dame a besoin de quelque chose, répugne à le demander de peur de se dévoiler, et se jette enfin à l'eau, tête et yeux baissés à contempler la pointe de ses chaussures. Il sourit. Je ne dois pas être la première. Il paraît que ça calme, et tout le monde a besoin d'être calmé. « Combien en voulez-vous ? » Sur l'ordonnance, il marque « à renouveler ». Merci docteur, me voici tranquille pour quelques mois. Quelques semaines ? Allez savoir.

Bientôt, je n'ai même plus besoin des ordonnances de ce médecin compréhensif. Les pharmaciens, comme les routiers, sont sympas. La première fois, je bluffe, j'ai oublié mon sac, serait-elle assez gentille pour me dépanner, juste une boîte, oui, oui, je lui apporterai l'ordonnance dès demain.

Les mois passent, les stratagèmes changent. Je prépare une liste d'emplettes diverses. Entre un tube de dentifrice et des comprimés d'aspirine, je glisse « une boîte de Lexomil ». Elle ne bronche pas. Elle ne pose pas de question. Elle s'en fout. Elle vend. Je trouve qu'elle fait très bien son métier.

Parfois, j'invente des excuses. J'ai perdu ma boîte, je l'ai laissée à l'hôtel pendant le week-end, elle était dans la poche de mon jean qui est passé à la machine. Est-elle dupe ? Je ne dois pas avoir une tête à faire des bêtises.

Les angoisses, les anxiolytiques et moi formons à présent un trio d'inséparables. Nous sommes tellement proches que je les fais miens. « Mes » angoisses. « Mes » anxiolytiques. Pour en signaler l'appartenance au cas où un oisif envieux de tant de complicité tenterait de se les approprier. Non, c'est à moi. Jusqu'où ne va pas se nicher l'instinct de propriété.

Notre trio ne se distingue pas par son côté boute-en-train, mais par une calme somnolence qui réjouit tout notre entourage. Pourtant la rivalité règne au sein du petit groupe et, victime rongée par la rancune, je prends un malin plaisir à monter angoisse et anxiolytique l'un contre l'autre. Habituée à occuper tout le terrain, la première a d'abord mal supporté l'arrivée d'un adversaire susceptible de la mettre K.O. Mais sa nature coriace a bientôt repris le dessus et, émergeant du coma, elle s'est remise à attaquer. Ce serait mentir d'affirmer que ses scènes me laissent indifférente, mais à chaque fois qu'elle manifeste des velléités de bagarre, je la condamne au silence et à l'immobilité en avalant du calme en comprimés sécables.

Avant d'imaginer des pubs douteuses pour vendre sa propre marchandise, un célèbre fabricant de pulls italiens vantait les mérites de la carte American Express. « Ne parrrtez pas sans elle », souriait-il niaisement en roulant les *r*. Si les faiseurs de benzodiazépines avaient droit de publicité, j'aurais postulé pour devenir leur figure emblématique. « Ne sortez pas sans eux. » L'accent en moins, la conviction en prime.

Un battement de cœur de travers ? Un quart d'anxiolytique ! Une course à faire ? Un autre quart ! Je les dissémine partout pour être sûre de ne jamais me trouver en manque. Dans mes poches, mon sac, mon portefeuille. Et si d'aventure je n'ai ni poche, ni sac, ni portefeuille, je le coince sous ma grosse bague, telle une sorcière prête à empoisonner le premier importun. Moi, je chasse l'importune. Faute d'un véritable don pour le sortilège, d'une formule magique éprouvée et fiable, je ne parviens jamais à l'envoyer de vie à trépas. La garce est increvable.

Grâce à la chimie, j'arrive parfois à l'assommer mais elle reprend toujours ses esprits. Pour mieux me faire perdre les miens.

Si la France détient le lamentable record de consommation de tranquillisants, c'est grâce à une action collective, solidaire et enthousiaste, à laquelle j'apporte une contribution significative. Je n'en tire ni fierté ni honte. J'ai déjà assez de raisons d'avoir honte sans culpabiliser de ma participation involontaire à des performances imbéciles. Les médicaments de l'âme, ces petits miracles du progrès, me servent de prothèse, invisible et maniable, pour paraître aux yeux du monde sans exhiber des tares qui mettent mal à l'aise. Sans eux, je n'existe plus. Leur absorption, et bientôt leur seule présence, me garantit la normalité et un semblant de bien-être. Les sentir sur ma langue, les toucher, les regarder, suffit à dissiper l'angoisse. Supercherie ! Les petites pilules blanches ou bleues ont l'art de se faire passer pour ce qu'elles ne sont pas. Dans la confusion générale, je leur prête d'étranges pouvoirs, mais depuis quand un anxiolytique a-t-il empêché quiconque de mourir ?

Livresques angoisses

L'apathie dans laquelle je suis plongée me laisse assez de lucidité pour m'interroger sur la nature exacte de mon mal. Généralistes de base ou grand ponte estampillé Assistance publique, les médecins consultés m'ont cataloguée sans s'accorder ni se soucier de m'éclairer.

Spasmophilie, dépression, maladie nerveuse... l'ignorance accroît l'angoisse et son cortège de sensations-impressions calamiteuses, comme autant de marmots collants et braillards, dont je me passerais bien. Mais elle ne laisse pas le choix. Cette abondante progéniture fantasmatique, à la présence pour le moins envahissante, ne peut rien contre la réalité : je me sens seule. Pourtant...

À en juger par l'abondante littérature consacrée au sujet qui me préoccupe, nous sommes quelques millions d'angoissés, pour ne pas dire quelques milliards. Si j'en crois les chiffres, on compterait sur les doigts d'une seule main les quelques benêts à la limite du crétinisme déclarant n'avoir jamais éprouvé d'angoisse de quelque nature qu'elle soit. Des millions d'angoissés donc, mais où se cachent-ils ? Moi, je vis parmi des insouciants, pas les crétins mentionnés plus haut, non, des angoissés épisodiques qui se sentent un peu oppressés, qui ont mal à l'estomac, une boule dans la gorge... Mais les angoissés, les vrais, je ne les connais pas.

Encore faudrait-il s'entendre sur le mal et les mots. Angoisse, anxiété, spasmophilie, phobie, peur, manie, idées fixes... et TOC ! (Troubles obsessionnels compulsifs, j'en étais restée aux tics, mais au royaume du psychisme déraillant on n'arrête pas le progrès) sont regroupés ensemble et en vrac, répertoriés dans les perturbations psychologiques, catégorie désordres psychiques, rayon paranormal, le dernier stade avant l'anormal.

Limite, mais on s'en sort. En tout cas, sauf exception, on ne nous enferme pas.

Ébranlée et obsédée par les crises et, de ce fait, beaucoup moins rigide quant à mes exigences d'analyse, je pare au plus pressé. Guérir d'abord, comprendre après. Peut-être... Je n'ai que l'embarras du choix et des moyens. Des thérapeutes, autobaptisés à la va-vite sur l'autel de notre mal de vivre, promettent le retour à la normalité en dix minutes, dix séances, dix semaines ou dix mois, grâce à des méthodes dites de « développement personnel » mêlant gonflement de ventre, pression des mains, cri primal et méthode Coué. Force est de reconnaître que chacun décrit admirablement et avec force détails tous les symptômes de l'angoisse. Pour vérifier que l'on correspond bien au sujet traité et que l'on va pouvoir bénéficier des précieux enseignements, il suffit de cocher des cases. Par exemple : Notez les propositions de 1 à 5 selon que vous éprouvez ces sensations 1) jamais, 2) rarement, 3) parfois, 4) souvent, 5) toujours. S'ensuit une liste de troubles physiques et de pensées catastrophistes qui a le mérite de l'exhaustivité.

Je ne peux que me sentir moins seule. Mais je me sens aussi de plus en plus mal.

L'angoissé est un être impressionnable, avec la particularité de ne se laisser impressionner que par les choses les plus désagréables. C'est instinctif, il n'accroche que le pire qui nourrit son angoisse. Sinon, il ne serait pas angoissé. Après lecture attentive de six guides divers, je suis bonne pour l'asile. Je me croyais douée d'une excellente imagination monstrueuse, je suis battue à plates coutures. Mais je rattrape ce défaut de fantaisie en adoptant tous les fantasmes, comportements, pensées et troubles des cas types complaisamment décrits. Je n'avais jamais songé que je pouvais vomir mais à peine l'ai-je lu que la suggestion s'imprime. La nausée me prend, en plus du reste.

Comment guérir quand on ignore ce qu'il faut soigner ? Ces petits précis imprécis de psychanalyse mal digérée, allégée à la sauce New Age, ne font que m'embrouiller davantage. De la confusion naît la panique. Cercle vicieux dont je ne sortirai jamais.

Retour à plus de sérieux et inversion des propositions : comprendre à défaut de soigner. Le brouillard chimique constitue une bonne excuse pour échapper à la lecture complète des œuvres de Freud, mais je picore, butine. Le bougre avait moins d'assurance que ses successeurs, allant même jusqu'à émettre diverses hypothèses quant à l'origine et à la nature de l'angoisse. Mais chez lui aussi les définitions sont floues. Il suffit parfois d'un battement de cœur pour que l'anxiété se transforme en angoisse, que l'énervement de base se change en hystérie, débordant le cadre un peu lâche dc la normalité. Seule certitude de Sigmund, même l'angoisse de mort n'est pas mortelle, ce qui est un soulagement appréciable. En revanche, je suis moins sûre que jamais de ne pas être folle, car j'ai le moi mal structuré, voire franchement destructuré. C'est en tout cas ce que suppose Freud mais, là, il ne prend pas de risque : un moi qui se désagrège à tout propos manque forcément de structure, ou de fondation, ou de ce qu'on veut, mais cela reste un moi mal foutu. Jusqu'où peut-il me mener ? Qui sait si on ne lui passera pas la camisole de force pour lui redonner une forme ?

Pour apaiser mes tourments, je retourne aux livres que j'aime, ceux des philosophes, des poètes et des artistes qui ont sublimé l'angoisse, l'érigeant parfois au rang d'énergie créatrice, d'expérience fondamentale de l'homme, la seule qui permette d'appréhender la réalité du monde et, par là même, sa propre vérité. Réconfortant et tentant, voire franchement flatteur, sauf que pour l'heure je ne crée rien du tout, excepté du chaos. Et pour fondamentale qu'elle puisse être, l'angoisse demeure avant tout une expérience à laquelle je me déroberais volontiers, quitte à passer à côté de la réalité du monde. Au diable le génie angoissé !

Et moi ? Ballottée entre les menteurs, les indécis et les exaltés, égarée parmi des mots définitifs et des théories figées, tour à tour malade du corps et malade de l'esprit, je me retrouve partout sans être jamais nulle part.

Je cherche une raison à ce qui m'arrive. Au moins une. Mais il n'y a aucune raison objective à mon angoisse.

J'ai vingt-huit ans. Romain d'amour, mon fils, n'en finit pas d'ouvrir ses grands yeux noirs sur le monde, m'invitant à m'en émerveiller avec lui. Après des années de travail incertain à la pige, je suis journaliste dans un magazine qui me plaît, avec des gens dont je veux croire qu'ils sont aussi mes amis puisqu'ils sont venus me chercher. Et Gilles, mon bel amour au présent, me promet un avenir. Le passé n'est pas encore décomposé mais je compose avec lui.

Je n'ai plus peur de rien.

Je suis malade d'angoisse.

Et l'appartement ressemble à une bibliothèque de maniaque.

Erreur d'aiguillage

Parler est une chose formidable, à condition de ne pas espérer être écouté à tout prix. Confidence pour confidence, chacun a l'impression de se débarrasser de quelques grammes de son fardeau sur un autre, qui pourtant ne s'en charge pas. Et on se soulage lâchement de constater que l'on n'est pas seul à avoir mal. Quel que soit le mal...

Quand j'ai parlé de mes angoisses à mon amie Marie, elle m'a répondu par ses maux d'estomac. Il n'y avait aucun rapport direct et, pour être franche, au moment de notre conversation, je me fichais pas mal de son estomac mais je me félicite d'avoir prêté l'oreille à son récit. Car Marie se fait soigner. Un acupuncteur for-mi-da-ble. Elle a tout essayé avant lui, toutes les médecines traditionnelles, lourdes et astreignantes, qui soignent l'estomac en détraquant l'intestin (et vice versa) ; seul l'acupuncteur a réussi le tour de force de la soulager, s'attaquant au mal en profondeur et rééquilibrant dans la foulée l'ensemble de ses fonctions et facultés, désignées pour l'occasion sous le terme d'énergies.

« D'ailleurs, a conclu Marie, tu devrais l'essayer. Tu verras, c'est magique. »

Impossible de résister à pareille tentation. Pourtant, je déteste l'acupuncture. Tous ces malades désénergisés, bardés d'épingles, me font l'impression de petites poupées sur lesquelles on jette un sort maléfique. Un réflexe naturel me portait donc à éviter l'expérience, mais une curiosité proche de l'espoir m'encourageait au contraire à la tenter. Qui sait si une aiguille bien placée n'allait pas crever l'angoisse ? Je l'entendais déjà se dégonfler, vieille baudruche racornie et flasque, bonne à jeter.

Pour ce premier rendez-vous avec la sorcellerie, Gilles m'accompagne, et c'est plutôt gentil de sa part, car l'angoisse désormais habituelle se double d'une peur de l'aiguille qui me rend particulièrement gaie et détendue.

L'homme qui vient nous ouvrir ne ressemble pas à l'idée que je me fais du sorcier. Les yeux bridés, la silhouette mince et la démarche silencieuse, il me conduit dans ce qui me paraît être une salle de torture. Il parle peu, et moi aussi, plisse les yeux quand je lui raconte ma peur, puis entreprend l'inventaire de mes pouls, les yin, les yang et les autres que je ne connais pas, en hochant la tête, sans que je puisse interpréter si mes pouls pulsent bien ou mal. Son très énigmatique sourire aux lèvres, il commence à piquer.

Sur le torse, les bras, les jambes et les chevilles. Je me raidis au fur et à mesure tandis qu'il me conseille de me détendre. D'ailleurs, affirme-t-il, je vais me détendre. Puis il me plante là, pareille à un hérisson toutes épines dehors à l'approche du danger, et s'en va planter ailleurs. L'acupuncture est une médecine muette, solitaire et rentable. Moi, je tremble de me retrouver en face à face avec un hérisson sur fond de paravent, fussent-ils chinois tous les deux.

Peu à peu je m'engourdis. J'ignore quelle énergie est à l'œuvre, en tout cas ce ne semble pas être celle de l'action débordante. Les tensions se relâchent, je bâille, somnole, alanguie et hors du temps, tandis que mes images grand-guignolesques s'estompent jusqu'à disparaître derrière le paravent. Pleine de regrets et de gratitude, je vois la porte s'ouvrir sur le magicien muet et souriant.

« Je suis bien, dis-je pour rompre le silence.

– Je sais », murmure M. Tchang, sûr du pouvoir de ses aiguilles.

Il n'est pas du genre à se livrer à de grandes manifestations mais pour un peu je lui sauterais au cou. Je suis bien ! Apaisée, calme, tranquille. C'est sûr, je reviendrai. Mon gentil bourreau se montre rassurant et raisonnable : quelques séances rétabliront mes énergies aussi défaillantes qu'indisciplinées. Circulez !

Deux heures après, hélas, j'oublie M. Tchang. Et, privées de leurs aiguilles indicatrices, mes énergies n'en font qu'à leur tête, roulant comme bon leur semble, au mépris du code de la route le plus élémentaire. Ce doit être une joyeuse anarchie sur les circuits et chez moi c'est le court-circuit. L'angoisse me cueille à la sortie du journal. Dévastatrice. D'autant plus violente qu'elle survient après un apaisement auquel je ne suis plus habituée. Dire qu'elle me surprend serait exagéré, mais le contraste est brutal.

Consciencieuse, appliquée et désireuse d'en finir avec la panique, je reviens la semaine suivante, attendant que le miracle se reproduise. J'attends encore... Clouée sur la table de torture, au fil des séances, je passe de l'énervement à la résignation, de l'exaspération à la tristesse. Jusqu'au jour où, ne sachant plus comment passer le temps, j'entreprends de calculer les bienfaits de l'acupuncture. Trois cent cinquante francs pour dix aiguilles, cela nous met l'aiguille à trente-cinq francs. Au vu du résultat, j'estime que j'ai tout à gagner à me transpercer tranquillement chez moi avec des aiguilles à coudre. Et je plante M. Tchang, le laisant libre de continuer de planter qui il veut.

Cela doit s'appeler une erreur d'aiguillage.

Dialogue de raison

Au bras de fer que se livrent raison et angoisse, la première ne tient pas la route et s'effondre, lamentablement, après de vaines tentatives de résistance.

« Voyons, dit la raison, tout va très bien, il ne m'arrive rien.

– Tu vas voir, ricane l'angoisse en se délectant. Ignores-tu toutes les horreurs que réserve la vie ? Rupture d'anévrisme, crise cardiaque, hémorragie cérébrale, apoplexie, embolie...

– Non, proteste la raison déjà ébranlée, je vais bien, il n'y a aucune chance pour que...

– Pourquoi échapperais-tu au massacre ?

– À chaque fois j'y échappe.

– On évite, on se méfie et c'est justement quand on se croit hors de danger que la catastrophe se produit. »

L'angoisse possède un pouvoir de persuasion hors du commun et bientôt la raison se range à ses arguments, rivalisant même d'imagination pour inventer de nouvelles horreurs.

« Et la tête qui explose, les neurones qui disjonctent, ou une crise d'épilepsie qui fait rouler au sol et se mutiler sans même s'en rendre compte... » surenchérit-elle, dépassée par sa propre audace, en proie à une sorte de frénésie apocalyptique.

« Tu vois bien, conclut alors l'angoisse satisfaite, c'est toujours moi qui ai raison. »

Toujours elle qui triomphe et me propulse dans un monde de cauchemars pluriels auxquels je ne peux pas ne pas croire.

Place au délire.

Comment naissent les névroses

Derrière la haute porte cochère, la cour pleine de verdure assourdit les bruits de la rue. À deux pas de Saint-Sulpice, on se croirait dans une petite ville de province, à l'heure de midi, quand les boutiques ferment et les rues se vident, chacun rentrant chez soi pour une pause déjeuner-sieste, tout compris.

L'honnêteté m'oblige à avouer que je ne me sens guère l'âme d'une provinciale répondant à l'appel du farniente. Malgré le froid sec de novembre, je transpire à grosses gouttes et tente de retrouver une respiration digne de ce nom. J'ai bien cru ne jamais pouvoir m'extirper du taxi que j'avais hélé pour y haleter à mon malaise.

Premier rendez-vous avec un psychiatre, l'un des deux conseillés par la généraliste jugeant nécessaire que je « parle à quelqu'un ». Celui-là, et pas l'autre, parce qu'il porte le nom d'un poète que j'aime. Il me faut des signes auxquels me raccrocher.

Sonnez et entrez. Personne pour m'accueillir. La

salle d'attente est aussi froide et sombre que la cour était aérée et lumineuse. Minuscule, avec une fenêtre si étroite que le jour n'y passe pas. Trois fauteuils vides. Et un guéridon, vide aussi, sans même un journal idiot pour oublier mon nombril en regardant celui, bronzé et glacé, des vraies et fausses stars dont la vie s'étale en pleine page. Puisqu'on ne peut décidément compter que sur soi, je compte mes battements de cœur, l'index posé sur l'artère du cou, l'œil rivé sur la trotteuse – activité qui m'occupe presque à plein temps depuis le mois de mai.

L'atmosphère confinée m'oppresse mais le palpitant tient le coup beaucoup mieux que moi. Mains moites, bouche sèche, tremblements, frissons, vapeurs et surtout l'envie de fuir. La passivité, à moins que ce ne soit la curiosité, l'emporte. L'analyse m'est toujours apparue comme l'une des plus extraordinaires aventures humaines, et je suis assez excitée d'en prendre le risque, même si ce rendez-vous avec mon inconscient ne m'enchante plus qu'à moitié. Depuis plus de dix mois, je le soupçonne de s'agiter à mon insu et je n'aime pas cela. Montre-toi si tu es un homme...

Je ne saurai jamais s'il m'a entendue. Un quarantenaire binoclard vient interrompre ma mise en demeure et, après un bref bonjour, me fait signe d'entrer dans son cabinet. Vaste, sombre et luxueux mais sans trop d'ostentation, avec des fauteuils profonds et moelleux dont on ne peut plus s'extraire et, un peu en retrait, « le » divan, avec un petit oreiller pour tête amochée et un petit tapis pour pieds chancelants. Sur les murs, d'immenses toiles contemporaines, de celles qui confondent hermétisme et mystère et distillent l'émotion avec parcimonie. Des toiles qui demandent réflexion et analyse, cela va de soi.

Peu loquace et peu coopératif, le psy au nom de poète amoureux des îles. Je l'observe à la dérobée, mais il me regarde à peine, tout à la contemplation concentrée de ses longues mains fines.

Raclements de gorge. Ce doit être le signal de départ. Je plonge.

L'angoisse tout le temps, partout, l'incapacité à vivre avec, à sortir seule, je suis même venue en taxi... J'ai peur, peur, peur...

Re-raclement de gorge. Et le silence lourd, épais. Je n'ai rien à dire, rien d'autre que cette peur, poisseuse, vicieuse. Je voudrais qu'il parle, juste un mot, au moins pour me signifier qu'il m'a entendue. S'il s'obstine dans son mutisme, c'est sûr, je vais devenir dingue, si tant est que je ne le sois pas encore. Le diable le fait exprès. Il jouit de me voir patauger, marmonner, bégayer, souffler, me tortiller sur le fauteuil de cuir qui crisse. Il joue de ma peur. Il est là, fort du supposé pouvoir que lui procure sa science inexacte. Mais je sais qu'il ne sait rien. Je l'ai lu dans les livres.

Une demi-heure sans un mot. Seule à me débattre avec mon angoisse, comme toujours, sauf qu'il est là devant moi, et que j'ai honte de me sentir observée derrière les lunettes. Honte de ne pas pouvoir faire face, de ne pas savoir ordonner mes pensées. D'ailleurs je ne pense pas, seule l'idée de la fuite me soulage en même temps qu'elle m'affole : comment retourner au journal, comment marcher dehors, comment...

« Bon, si l'heure vous convient, nous continuerons tous les mardis à midi. »

Ni l'heure, ni le jour, ni le lieu, ni l'homme ne me conviennent. Je ne reviendrai pas. Je ne veux pas. Pourtant, je ne dis rien. J'acquiesce. Mardi prochain à la même heure...

Faites qu'un taxi passe dans la petite rue tranquille.

Deuxième rendez-vous. Deuxième silence ponctué par ses raclements de gorge qui m'exaspèrent. J'attaque, agressive :

« Je ne supporte pas votre salle d'attente. Trop petite, trop étouffante...

– Cela ne vous rappelle rien ?

– Euh... non...

– Vraiment ? »

Promis, je cherche mais non, je ne vois pas...

« L'utérus...

– ... ?! Ah... »

C'était donc cela ! Ma mémoire, pourtant réputée infaillible, a des absences. Elle a oublié l'utérus de ma mère. A posteriori, si c'était comme sa salle d'attente, il me semble évident que je ne devais pas m'y sentir à mon aise. Voilà comment on se fabrique des souvenirs... Et des névroses.

Cette révélation mérite bien un silence de recueillement, le temps d'un petit fantasme fœtal. Puis raclements de gorge. Miracle, il parle !

« Et votre père ?

– Il est mort. Il y a quatre ans. »

Comment faire tenir papa en quelques phrases ? Ce colosse mériterait un livre à lui tout seul. Ce jour-là, la seule réalité à résumer, c'est sa mort. Il n'y a rien d'autre à dire mais, pour une seconde séance, cela me semble amplement suffisant.

Décidément en forme et en verve, mon disciple de Lacan se racle de nouveau la gorge.

« Et votre mère ?

– Morte, elle aussi. Il y a quatre ans aussi. »

Mes parents ont eu la très mauvaise idée de souffrir ensemble pour mourir en léger différé. Trois mois après le diagnostic d'une tumeur dans le cerveau de maman, papa se fabriquait un cancer dans la gorge. Et pendant de trop longs mois, d'hôpital en chimio, de rémissions en rechutes, de pertes de plaquettes en perte de cheveux, ils se sont livrés à une vertigineuse course contre la mort. Iconoclastes et rebelles, ils nous ont joué un remake du lièvre et la tortue. Mais papa-lièvre, sûr de son fait, bien que parti en retard, a gagné devant maman-tortue. Drôle de fable. Rien ne sert de mourir, il faut souffrir longtemps. Il n'y a plus de morale. J'avais vingt-deux ans et aucune envie de revisiter mes classiques. Six ans plus tard, je ne me sens guère d'attaque à livrer à un parfait inconnu la version familiale des animaux malades de la peste. La peste pouvait prendre mille visages. C'était toujours la maladie. Avec la mort au bout, inéluctable. Elle avait déjà fauché large. Et comme elle ne sait rien faire d'autre, elle faucherait encore, mais ne loucherait plus, elle m'aurait...

Tout a commencé pendant cette double et interminable maladie. Six mois durant, je me suis inventé tous les cancers de la terre. Moelle épinière, poumon, os, ganglions, œsophage, colon, utérus... j'ai dû en oublier quelques-uns mais, à chaque fois, j'avais de drôles de sensations physiques qui donnaient une réalité à mes fantasmes maladifs. J'ai arpenté Paris en tout sens à la recherche d'un médecin compréhensif. La plupart ont souri, refusé tout examen, je somatisais. Moi, je sentais bien que je paniquais. Un gentil généraliste a consenti à me prescrire du magnésium. Déjà !

Un jour, la peur a disparu, comme elle était venue, enrayant les cancers – les faux exclusivement – sans que j'y prête attention. Les visites à l'hôpital, les rendez-vous quotidiens à Curie, la souffrance de mes parents me laissaient peu de temps pour essayer de comprendre ce qui se passait. C'était passé, tant mieux. Pas tout à fait oublié. De cette période, j'ai gardé une imagination débordante dans l'élaboration de maladies diverses. La moindre angine devient prémisse de leucémie, la plus légère migraine est susceptible de dégénérer en tumeur au cerveau, et chaque crampe côté cœur, chaque fourmillement dans le bras gauche, annonce l'infarctus du myocarde. Certains se fichent de moi, statistiques à l'appui, arguant du fait qu'il y a peu de chance que... mais je sais que les calculs de probabilité sont hasardeux. Nous avons eu deux fois la chance que...

Pourquoi est-ce toujours au moment d'aborder les vrais problèmes que je sens se réveiller en moi l'humeur badine ? Pirouette et pied de nez pour avoir l'air... Cette mort bègue a dynamité ma vie, mais soudain il me semble inutile d'en faire une montagne. Comme a dit Gilles l'autre jour : « Tu n'es tout de même pas la seule orpheline. » Amoureux des mots, et de moi aussi, mon bel amour a parfois la phrase assassine. Face au médecin de l'âme, je ne suis pas loin de lui donner raison. « Il y a des malheurs plus grands », aime à répéter Gilles. Il y en a aussi de moins grands et, en cherchant bien, on devrait même trouver certains petits bonheurs, non ? De toute façon, ces espèces de comparaisons idiotes ne me sont d'aucun réconfort, car ces choses-là ne se raisonnent pas. Compatir aux misères du monde sans bouger est aussi un bon moyen d'échapper à soi-même. Et surtout de se taire. Me taire. Le silence comme une fuite quand les mots ne peuvent traduire une souffrance indicible.

C'est moi maintenant qui m'enferme dans le silence. De toute façon, c'est terminé pour aujourd'hui. Au revoir et à mardi...

Cinq fois, j'ai supporté la salle d'attente utérine et les silences pénétrants. Cinq fois, le malaise ressenti a décuplé l'angoisse. Cinq fois, je me suis juré de lui dire que j'arrêtais et cinq fois je me suis tue devant les lunettes épaisses qui dérobaient le regard. Jusqu'à la veille de la sixième séance où, émerveillée de ma témérité, je me suis résignée à annuler en prétextant une obligation professionnelle.

« Ce n'est pas grave... À mardi. »

Je n'avais pas prévu cela. Mon psychiatre faisait preuve d'une constance qui l'honorait mais dont j'étais dépourvue. J'ai bafouillé. Rappelé une semaine plus tard pour la même fausse raison. Le pape de l'inconscient ayant eu la bonne idée de brancher son répondeur, j'ai échappé au désormais classique et fatidique « au revoir et à mardi ». L'occasion était trop belle. S'il y a des actes manqués, il doit bien y en avoir quelques-uns de réussis. À mon avis, celui-là en était un, mais j'en ai presque douté le jour où il m'a téléphoné encore. « Il faut venir nommer le désir d'arrêter, comprendre pourquoi... » Bête, disciplinée et lâche surtout, j'ai pris un rendez-vous auquel je ne suis jamais allée. Je n'avais rien à expliquer, nul besoin de « justifier mon désir » d'abandonner ce qui n'avait pas commencé. Je payais pour qu'il m'écoute mais il ne prenait même pas la peine de faire semblant de m'entendre, ce qui est un comble et une expérience assez humiliante.

Mais, forte de ses éclaircissements, je me proposais de déblayer ma mémoire toute seule, afin d'en dégager un fœtus claustro qui me confierait des secrets. Pourvu qu'il ne soit pas encore mort étouffé.

« Maman est folle »

Nous sommes en vacances sur une île paradisiaque. Rires, mer, musique, farniente, hamac, amis... William Sheller berce ces jours entre parenthèses. Romain chante avec lui. « Maman est folle, on n'y peut rien... » Il dit que c'est sa chanson préférée.

Folle parce qu'elle apporte le dîner en dansant sur un air de reggae, folle parce qu'elle klaxonne à la demande sur les chemins déserts, folle parce qu'elle se roule dans les vagues, folle parce qu'elle organise de joyeux non-anniversaires avec gâteaux, bougies, serpentins et cadeaux, folle parce qu'elle a peur d'une souris et monte sur un canapé en attendant qu'on ait localisé et chassé l'intruse...

« Alors, comme ça tu me trouves folle ?

– Oh oui, tu es tellement drôle ! » Il a l'air plutôt satisfait de cet état de fait.

Moi, drôle ?

Pauvre Romain, subissant malgré lui les débordements incontrôlés de mes désordres intérieurs. Pour épuiser l'angoisse, depuis plus d'un an, je ne trouve rien de mieux que de crier. Pour tout et pour rien, le plus souvent pour un détail auquel je m'accroche, la violence de la colère étant seule susceptible de tenir tête à la violence de l'angoisse. Crier pour avoir une raison de suffoquer ensuite.

Compréhensif et philosophe, Romain me qualifie d'impatiente. Le bel euphémisme. L'une de mes sœurs me surnomme la Cocotte-minute. L'énervement monte, chauffe, siffle, jusqu'au lâcher de bouchon final, et ça fume, ça crache, ça éclabousse. Attention Romain d'amour, écarte-toi, tu risques de te brûler. Me voici transformée en cause d'accident domestique. Au placard !

Je suis une mère empêchée. Quand mon rôle est de rassurer, apaiser, protéger, comment reconnaître devant lui, mon fils si sensible et si tendre, que je suis soumise à la peur, et prévenir que je vais mourir, disparaître, dans la seconde qui suit... Tout faire pour l'épargner. M'impatienter. Chanter à tue-tête. Danser en le prenant dans mes bras.

Parfois dans la rue, le cœur s'emballe et la tête déraille. Je m'arrête :

« À trois, on fait la course, le premier arrivé a gagné un rocher au chocolat... »

Il est ravi, il rit, se concentre pour courir le plus vite possible. « Maman est folle », il n'y peut rien...

L'enfer, les autres et moi

Au fil des mois, le « Je ne suis pas toute blanche ? » est devenu une sorte de tradition, un sésame au fou rire généralisé. À la moindre alerte, avant même que j'ouvre la bouche, on pose la question à ma place. Pourtant, j'ai trouvé quelques variantes. « Il ne peut rien m'arriver ? Tu es sûr(e) qu'il ne peut rien m'arriver ? » Et la réponse, invariable : « Mais que veux-tu qu'il t'arrive ! Depuis le temps... »

« Je ne suis pas toute blanche ? » Quittant la Normandie en direction de Paris, la voiture s'engage sur l'autoroute détrempée. L'enfermement m'est insupportable, et les déplacements aussi. On imagine donc dans quel état me plongent les trajets en voiture.

Gentille au-delà de ce que l'adjectif laisse entrevoir, ma sœur Christine se retourne.

« Si, tu es un peu pâle... »

La pauvre ! Pour la récompenser de son attention

et de sa franchise, je l'engueule. Hors de moi, je la traite de tous les noms, inconsciente un peu sadique qui, non contente de décupler mon angoisse, reste là sans rien faire alors que je vais crever. Cette fois, je ne délire pas, je suis toute blanche, preuve que quelque chose est en train de foutre le camp, c'est la vie qui me lâche, je me vide de mon sang, la tension s'effondre... De l'air, besoin d'oxygène, vite, je ne veux pas mourir enfermée ! Immobilisation brutale de la R5 sur la bande d'arrêt d'urgence. Debout sous la pluie, je m'agite en vain, comme si je pouvais chasser la mort, petite mouche trop zélée bourdonnant à mes oreilles. Assises au sec dans la voiture, mes sœurs me regardent gesticuler, décomposées.

Quelques semaines plus tard, réjouissances familiales. Dans la voiture, l'angoisse me terrasse encore. Je n'en peux plus, je veux qu'on s'arrête, retourner mourir chez moi, pelotonnée dans mon lit... Rompu à mes hystéries, avec la calme indifférence que donne l'habitude, mon beau-frère ignore l'alerte. Le malaise ne se dissipe pas, je vais me dissoudre. Nous passons chercher Christine.

« Ça va ?

– Non, répond mon beau-frère.

– Qu'est-ce qu'il y a ? » demande-t-elle soudain blême, redoutant quelque catastrophe.

« C'est Pascale, une angoisse...

– Ah bon, alors ça va », soupire Christine, soulagée, en me jetant à peine un coup d'œil distrait.

Je la déteste.

D'ailleurs, je déteste tout le monde. J'en veux à la terre entière qui ne réagit jamais comme il faut, quand il faut. La légèreté et la moquerie me semblent indifférence et parfois cruauté ; la sollicitude est un apitoiement larmoyant et inutile.

Les angoisses gâchent ma vie. Inséparables, mes angoisses et moi finissons par emmerder tous ceux qui nous approchent. Du jour au lendemain, fils, amant, amis, famille se retrouvent condamnés à composer avec une infirme subclaquante, exigeante, agressive et perpétuellement insatisfaite. Il faut me sortir, me calmer, me consoler, me rassurer, m'encourager, me soulager, me soutenir, me ramasser, me raisonner, me distraire... Me supporter quand je ne me supporte pas. Mission impossible pour ces gardes-malades improvisés, formés sur le tas de mes crises hystériques. Incompréhension et reproches de part et d'autre.

Ils souhaitent que j'aille mieux ; j'attends qu'ils me sauvent. J'ai besoin d'eux à chaque instant et ce besoin m'est une menace.

« Aimez-moi. »

Mais je m'y prends comme un manche et le raffut de l'angoisse rend inaudibles ces prières de petite fille perdue. À mon âge !

Parce que nous nous aimons justement et partageons l'essentiel de notre temps, Gilles est propulsé malgré lui en première ligne sur le front de mes batailles fantasmatiques. Désigné volontaire, son sens du devoir lui a interdit la désertion et il s'est engagé sans condition ni arrière-pensée, avec la naïveté du novice persuadé que la force de son élan suffirait à repousser un ennemi qui lui ravissait la première place.

Je n'aurais jamais dû rencontrer Gilles. Une journaliste devait l'interviewer mais, déclarant forfait la veille du rendez-vous, m'a demandé de la remplacer. J'ai accepté sans envie. Parce qu'il faut bien vivre quand on ne vit pas tout à fait bien.

Octobre crachouillait ce vendredi-là mais, une heure durant, Gilles, qui était encore M. X, a réussi à me faire tout oublier. La pluie, l'angine qui me dévorait les amygdales, la énième scène avec mon mari, le travail aléatoire... En sortant, ingrate, je l'ai oublié lui aussi. Il s'est rappelé à mon souvenir lorsque le papier est paru, m'invitant à déjeuner pour me remercier. Sous couvert de vagues et hypothétiques projets de travail, de déjeuner en déjeuner, nous nous sommes observés, éprouvés, testés. Nous nous aimions déjà. Lui qui refusait l'amour comme un déséquilibre angoissant. Moi qui avais fini d'y croire et ne rêvais de rien d'autre. Pour la forme, et mue par ce que l'on nomme parfois fierté et qui n'est autre que la peur de la vraie rencontre, j'ai joué les distantes. Il m'a rattrapée. Pourquoi résister ?

Il est des accords parfaits et le nôtre en fut un, couvrant toutes les discordances. Nous trouvions l'un dans l'autre la part manquante de nous-mêmes, que nous nous appropriions pour nous donner l'illusion d'être enfin complets.

Gilles est un angoissé sans crise. L'un de ceux qui parviennent à balayer l'angoisse dans un tourbillon ininterrompu, tourner sans jamais s'arrêter, au risque de se perdre, l'essentiel étant de ne pas se retrouver nez à nez avec soi-même dans l'œil du cyclone. Cette légèreté me fascinait. Lui disait qu'il avait été séduit et happé par ma force et ma tranquillité.

Mais soudain, il n'y a plus eu ni force ni tranquillité.

Pour ne pas casser l'image trop parfaite qu'il avait de moi, et parce que le tourbillon menace de dérailler de sa spirale dès qu'un obstacle non identifié le freine, Gilles s'est d'abord rassuré en se persuadant que tout cela était « chimique » et veillait à ma prise journalière de magnésium.

Patient et attentif, délicat et tendre, il m'a tenu la main. Il était là, toujours, et j'étouffais mes désarrois au tout creux de lui qui me dessinait l'infini du monde. Désemparé, il a doublé l'amour d'humour. Agacé, il s'est impatienté. Malheureux, il a reproché. Je n'étais pas douée pour la vie, j'infestais la nôtre et je l'empêchais de vivre la sienne, je n'aimais rien, ni personne, j'étais asociale et misanthrope. Comment ne pas le croire, quand je croyais qu'il était l'être qui me connaissait le mieux ? Il devenait injuste, je continuais d'être invivable et rancunière.

Nous nous révélions l'un à l'autre comme la face cachée de nous-mêmes que nous ne voulions surtout pas regarder. L'angoisse nous renvoyait l'image de notre impuissance, mais la buée de nos mots d'amour estompait ce reflet peu flatteur. À moins que ce ne soit l'inverse.

Suggestion de bien-être

Pour écrire ce livre et retracer fidèlement ma chronologie angoissée, j'ai feuilleté mes vieux agendas. Je n'y note rien d'autre que des noms de personnes, de films ou de pièces de théâtre et ma mémoire fait le reste. À partir d'un nom, je peux dérouler le fil d'une journée, me souvenir du temps qu'il faisait, de mon humeur, de la façon dont nous étions habillés, de ce que nous nous sommes dit. Peu de mots sont nécessaires à la description de ma vie.

Dans cet effeuillage, un nom m'a accroché, parce qu'il n'évoquait rien justement. J'ai cherché, courant d'une semaine à l'autre pour voir s'il réapparaissait, vérifiant son existence dans le carnet d'adresses. Rien. À l'évidence, j'avais vu deux fois un parfait inconnu, et qui l'est resté. Panique ! Cette défaillance pourrait bien être le signe d'une sénilité précoce, une Alzheimer ou pire encore.

Quelques jours plus tard, alors que j'avais raisonné mes inquiétudes dégénératives en oubliant le nom déjà oublié, l'illumination s'est faite. Je me souviens...

Le sophrologue. Un spécialiste en la matière, recommandé par un ami d'amie d'amis, parce que la sophrologie, « science du sensé », était tout à fait indiquée pour mes délires insensés, dont j'allais fêter les deux ans.

Il me le confirme lui-même, la sophrologie guérit tout le monde. Et il cite, non sans fierté, toutes les célébrités qui ont défilé dans son cabinet. Des politiciens inquiets de monter à la tribune, des sportifs soucieux d'améliorer leurs performances physiques sans y laisser leur santé psychique... Comme si la célébrité rendait ses mérites plus méritoires. Je lui parle angoisse, il répond stress, trac, surmenage, qu'importe ! Même régime pour tous : détente et RE-LA-XA-TION ! Moi, la boule de nerfs qui disjonctent, je vais voir comme c'est simple. Il suffit de m'allonger et de me laisser guider par sa voix, qui suggère des choses qui me sont pour le moins étrangères mais que je vais faire miennes, car tel est le but du jeu.

Je ferme les yeux. Les rides que je n'ai pas encore s'effacent de mon front, les yeux s'enfoncent dans les orbites, la mâchoire se relâche, la lèvre tombe, la bouche s'entrouvre. Le visage ayant atteint cette expression de parfaite hébétude, le corps peut à son tour se détendre. La nuque, le dos, les bras, les mains, les jambes, les pieds, tout est lourd, de plus en plus lourd. C'est peu dire.

L'angoisse pèse des tonnes, me leste et m'enfonce sans difficulté dans le divan qui n'amortit pas ma chute inexorable. M'enliser, je ne fais rien d'autre depuis des mois et voilà qu'il en rajoute quand je rêve de légèreté. Mais on ne peut plus l'arrêter. Puisque le corps est détendu, nous allons mettre l'esprit au diapason.

« Choisissez une image que vous aimez particulièrement et fixez votre attention sur elle. Vous ne voyez rien d'autre. Ne pensez à rien d'autre. »

J'hésite. Le corps de Gilles, nu et tendu de désir, s'impose à moi. Mais le corps tant aimé, caressé, est aussitôt enseveli sous la peur et la peau douce se craquelle. L'angoisse punit mon humeur coquine et me rappelle à mes devoirs. Surgit alors mon Romain d'amour, éclatant de rire sur une plage des Antilles. Il disparaît à son tour, la même angoisse en profitant pour me signifier que je suis une mauvaise mère. Je me concentre. Peut-être la mer turquoise brodée d'écume blanche se confondant avec le sable? L'image idyllique s'évanouit, emportée par les vagues. Aurais-je choisi un paysage de campagne, un pré plat s'étendant à perte de vue, que l'angoisse l'aurait labouré, y creusant son sillon appliqué et profond. Oasis incongrues dans la course à la terreur, les plans-tendresse n'ont pas leur place dans mes films catastrophe. Coupés au montage pour cause de mièvrerie déplacée nuisant à l'intrigue...

La voix sophronique me tend une perche : si dans un premier temps je n'arrive pas à retenir le calme, il n'y a qu'à laisser les pensées défiler comme elles se présentent, sans en arrêter aucune. Mais par la suite, il faudra s'appliquer et trouver l'image-refuge, l'image-abri antipanique, un bunker de paix et de douceur.

« Le soleil est là, ses rayons vous réchauffent. Votre main droite d'abord. Puis votre main gauche. Et enfin votre poitrine. Vous irradiez tel un soleil, et une brise légère vient rafraîchir votre front, apaisante. Vous répétez intérieurement : je suis calme... je suis de plus en plus calme... je suis profondément calme. »

Docile, je répète après lui, comme une incantation, avec une ferveur dévote, mais plus il insiste, plus je m'énerve, j'ai l'impression que je vais exploser, hurler. Non, je ne suis pas calme, j'étouffe... Mais je me tais. Pas lui. « Détendue, calme et vigilante à la fois, présente à moi-même » *(sic)*, je peux et je dois me propulser dans un endroit qui m'effraie, un de ces lieux où l'angoisse me terrasse. Je n'ai que l'embarras du choix. J'opte pour la rue de Rennes, à deux pas de chez lui, noire de monde, avec tout plein de gens qui traînent, déambulent, et moi, seule parmi le foule d'inconnus, perdue, moi qui cours, cours à perdre haleine pour échapper au massacre.

« Rien ne peut vous atteindre. Vous êtes calme, de plus en plus calme, profondément calme. Plus vous vivez cette situation, plus le malaise bat de l'aile. »

J'ai les mains moites, je transpire, j'ai chaud, je voudrais m'enfuir, mais je suis clouée, ficelée, bâillonnée sur ce divan. J'attends la suite, comme une délivrance. Rien. Juste le silence. Et le corps lourd, si lourd, comprimé par l'angoisse qui saccage tout sur son passage.

Enfin, la voix m'autorise à bouger les pieds et les mains, m'étirer, puis ouvrir les yeux... à condition de bien avoir emmagasiné dans un coin de mémoire le souvenir corrigé de ma petite balade.

Je ne sais pas de quoi j'ai l'air mais lui a l'air positivement ravi et j'hésite à troubler sa béatitude.

« C'est-à-dire que, enfin, je me suis imaginée rue de Rennes mais je n'étais pas bien. Pas bien du tout. »

Mon peu d'enthousiasme n'entame pas ses certitudes :

« C'est tout à fait normal, mais votre malaise s'est dissipé un peu, n'est-ce pas ?

– Euh, oui, en cherchant bien, mais vraiment très très peu... »

Si je mens ainsi, ce n'est pas seulement par désir altruiste de lui faire plaisir, mais avant tout pour me convaincre que je ne suis pas venue ici pour rien. Il m'en offre une preuve tangible en me tendant l'enregistrement en *direct live* de notre petite séance. Pas d'ordonnance mais ordre d'écouter la cassette chaque soir avant de m'endormir et chaque matin avant de me lever, afin de me rejouer la grande relaxation qui finira par m'imprégner malgré moi. Rendez-vous dans une semaine pour la suite...

La rue de Rennes à deux pas, j'en profite pour passer sans délai du cours théorique aux travaux pratiques, asseoir mes connaissances, et vérifier *in situ* que les effets de la sophrologie sont palpables. Tête baissée, j'avance à grandes enjambées, répétant que je suis calme, de plus en plus calme, profondément calme. Je tiens jusqu'au boulevard du Montparnasse, accordant mes psalmodies muettes au rythme de mes pas pressés. Crispée mais entêtée, je décide de rentrer à pied en maugréant : « Je suis calme, je suis calme, je suis calme. » Comme en son temps le père Coué et sa méthode à Émile nous exhortait à ressasser inlassablement « tous les jours à tous les points de vue, je vais de mieux en mieux, tous les jours à tous les points de vue... », par séquence de dix, sans y penser vraiment, la répétition automatique servant de base à la conviction.

Au tout début de notre belle histoire, alors que je me débattais dans un divorce houleux et douloureux, Gilles m'avait fait porter un magnifique bouquet de fleurs aux couleurs vives. Avec une carte. « Je suis là. Il ne peut rien t'arriver. Il ne t'arrivera jamais rien de mal. » Souvent, dans la tourmente, je me suis surprise à redire inlassablement ces quelques mots qui, à défaut de guillotiner l'angoisse, lui opposaient l'amour et la tendresse, dont les suggestions sophroniques sont dépourvues.

Au soir de cette journée de détente, Gilles, curieux

et attentif, tient à écouter la cassette avec moi. Le Caruso de la relaxation avait intitulé son tube *Training autogène de Schulz*, Johannes Henrich de son prénom, psychiatre allemand et pressé. Vingt minutes, c'est un peu long pour une chanson, mais un peu court pour une thérapie. Pour comprendre le mot autogène, je m'en remets au Larousse : « du grec *autogénês*, existant par soi-même ; soudage autogène, soudage de pièces d'un même matériau, sans utilisation d'un produit d'apport (mécanique). »

J'avais été poupée chez l'acupuncteur, sujet chez le psy, je me retrouve machine chez le sophrologue.

Ce n'est certes pas d'un érotisme torride mais, allongés l'un à côté de l'autre, en prenant bien soin de ne pas nous toucher, nous écoutons la voix qui prétend effacer les rides de nos fronts respectifs. Dommage pour lui, Gilles n'a pas le temps de se sentir soleil... Relaxé en profondeur et d'un calme résistant à mes légers toussotements puis à mes coups de poings vengeurs, il ronfle. Moi, je me débats en plein cauchemar.

Pourquoi ça marche avec lui qui n'en a pas besoin ? Pourquoi tout marche avec tout le monde et foire avec moi ? Je suis la première à croire et la seule à prier, mais la dernière à être exaucée. Chaque fois, je suis soulevée par une formidable espérance et chaque fois je retombe, cassée, désemparée, vidée, larguée. De plus en plus seule avec mon drôle de mal que rien n'ébranle.

Pourtant, chaque nouvelle tentative m'apaise...

quelques heures. Le temps de voir le médecin ou ce qui en tient lieu. Parler à un étranger me soulage et j'aime la légèreté avec laquelle tous ils me traitent. Si je souffrais de quelque chose de grave, ils ne m'expédieraient pas en trois ou quatre séances, se pencheraient sur mon cas, ordonneraient des bilans sanguins, des hospitalisations ou des internements... Qu'il y en ait un, dans le lot, qui fasse une erreur médicale, apparaît comme une possibilité, mais que tous s'engouffrent avec la même insouciance et la même constance dans le diagnostic erroné, voilà qui dépasse l'entendement. Je me raccroche à cette idée, une heure, parfois un jour, mais l'angoisse revient me submerger et ravage mes velléités de logique. Comme si elle seule avait chez moi de solides fondations, le reste étant construit de bric et de broc sur un terrain meuble qui cède à la moindre secousse.

Après l'espoir de la guérison, les crises redoublent. L'angoisse se déchaîne.

« Pourquoi ce n'est pas de la limonade ? » Pourquoi ne pas admettre qu'il n'y a rien à comprendre et me contenter de vivre avec la crainte chevillée au cœur, avec l'angoisse qui sourd, avec les médicaments qui l'apaisent ?

Parce que je vis mal. Parce que je considère que j'ai le droit de vivre bien.

Pourquoi pas moi justement ?

Il me faut apprivoiser la patience. Je m'accroche, reviens donc en deuxième semaine... et en taxi : le *Training autogène de Schulz* s'est révélé impuissant face à ma terreur des transports en commun.

Je tends la précieuse cassette.

« Ça va mieux. »

À son intonation, je comprends qu'il s'agit d'une affirmation plus que d'une question.

« ...

– Aucune amélioration ?

– ...

– Vous avez bien écouté la cassette deux fois par jour ? » insiste-t-il, comme un prof qui refuse de remettre en cause la qualité de son enseignement et la clarté de ses explications, préférant soupçonner l'élève de paresse et de mauvaise volonté.

« Je l'écoute plutôt trois fois par jour et même quatre si je le peux. Je vole du temps à Romain, à Gilles, à mon travail... J'y pense, je me la répète, j'essaie de me convaincre...

– Alors tout va bien. Il faut un peu de persévérance. »

Et je m'allonge de nouveau. De nouveau mon front devrait se lisser, mes mâchoires se relâcher, mon corps s'alourdir... Résignée, j'écoute la voix qui ne va pas tarder à suggérer de me catapulter rue de Rennes ou ailleurs, il est tant de lieux propices à ma poisse. Après étirement et ouverture des yeux, qu'il appelle « retour à moi-même » et qui n'est rien d'autre qu'un retour à une réalité angoissante que je ne parviens pas à mettre entre parenthèses, même sous surveillance, le relaxé relaxant me demande quelques instants et, sur l'autre face de la cassette, entreprend d'enregistrer une version courte de la version longue. Tout va très vite. Corps lourd-chaleur-fraîcheur - calme - vigilance - pensée positive - retour - stop. Durée du télégramme : quatre minutes et douze secondes.

Étourdie par tant de rapidité, je baptise ce jingle « trainautsch ». Devant ma mine abasourdie, le virtuose de la suggestion m'explique que, quand la version intégrale est destinée à soigner en profondeur et à modifier le comportement de façon durable, le résumé s'apparente à une technique d'autodéfense. Elle s'utilise en plein cœur de l'action. Au moment même où l'angoisse pointe le bout de son gros groin répugnant, où que l'on se trouve, on appuie sur un petit bouton intérieur et le « trainautsch », tel une bombe lacrymogène, paralyse l'agresseur.

La simplicité de la chose et sa facilité d'emploi me laissant sans voix, le marathonien du training me déclare ainsi parée à tout affronter et tout surmonter.

« Merci, combien vous dois-je ?

– Voyez cela avec ma secrétaire. Non, ce n'est pas la peine de reprendre rendez-vous, pas avant six mois, le temps que cela agisse. »

Rire ? Pleurer ? Payer et partir.

Dans le bus, je sors mon « trainautsch ». À part moi, il ne neutralise personne.

Les cris qui tuent

C'est une scène de *Cabaret*, le film de Bob Fosse. On y voit Liza Minnelli, excitée et craintive à la fois, un peu coupable peut-être, s'éclipser, seule, vers un rendez-vous dont on devine que c'est un rendez-vous qu'on n'annule pas. Abritée sous un pont, elle attend, l'œil aux aguets, le corps tendu sursautant au moindre bruit, prête à bondir. Quand le métro passe, dans un vacarme de ferraille assourdissant, elle se met à hurler, de toutes ses forces. Hurler jusqu'à l'épuisement, de rage, de désespoir et d'impuissance, s'essouffler et hurler encore comme on cogne, à l'aveugle, rouer de cris plutôt que rouer de coups, ne plus encaisser mais se vider enfin, vomir le trop-plein, le périmé, l'avarié, dont on est gavé jusqu'à la nausée. La scène interrompt souvent le cours monotone de mon film d'horreur personnel.

Même s'il ne guérit pas mes angoisses et délivre des ordonnances pour me camer en toute légalité, le gynécologue est un bon médecin qui prend le temps de m'écouter. À la fin d'une visite, il me lance un conseil en forme de boutade :

« Quand vous sentez que ça vient, il faut crier, crier jusqu'à l'essoufflement, pour vous libérer. Je ne le note pas sur l'ordonnance mais un cri chaque matin, croyez-moi, cela vous aidera...

– Et je gueule comme ça, devant tout le monde ?

– Vous pouvez vous étouffer sous votre oreiller, courir au fond du bois de Boulogne au petit matin... On trouve toujours un endroit pour crier. »

Je ris avec lui mais je prends la recommandation au pied de la lettre.

J'attends d'être seule chez moi et je hurle, mais aussitôt la crainte de croiser des voisins réprobateurs interrompt le hurlement domestique. C'est au volant de ma voiture quand la bête s'installe, que je hurle le mieux. De vrais cris. Tête des automobilistes quand, tout entière emportée par l'angoisse, j'oublie le feu rouge et les vitres baissées, et hurle, bouche grande ouverte. Un cri surgit du fond de mes entrailles, un cri qui brûle et arrache, un cri qui n'en finit plus et renaît de lui-même. Je regarde les têtes affolées, et redémarre pour crier encore.

J'ai tant de cris en retard.

Du bonheur d'avoir vingt ans

« C'est mauvais... très mauvais. »

Le bras du médecin s'est posé sur le mien, contraste de la blouse blanche sur le manteau noir. La lumière et l'ombre. Le bien et le mal. Le mal, le professeur émérite vient de l'identifier : tumeur au cerveau.

Il parle vite comme pour donner de la légèreté à ses mots écrasants. Je l'entends et je pense que je vais devoir répéter ces mots-là à mon père ; il faut que je me concentre pour ne rien déformer, redire la même chose, sans me tromper. Mais comment trouver les mêmes intonations, la précision clinique que le professeur tente de réchauffer de son bras sur le mien. Je voudrais avoir le courage de le secouer, le traîner jusqu'à un téléphone pour l'obliger à faire son sale boulot tout seul. Après tout, je n'ai rien à voir là-dedans. Je n'y suis pour rien. Et puisque c'est lui qui a découvert la tumeur, c'est à lui de l'annoncer. Comme les enfants lorsqu'ils trouvent un trésor et se disputent, chacun revendiquant d'avoir été le premier à l'apercevoir. Apparemment, une tumeur n'est pas un trésor assez beau pour que l'on se chamaille. Ou peut-être le médecin a-t-il perdu son âme d'enfant ?

De la cabine, je vois le ciel bleu, le jardin bariolé, fleurs rouges, orange et jaunes, assorties aux feuilles de novembre. Des chrysanthèmes sans doute, à la Toussaint il n'y a que des chrysanthèmes, idéales pour les cimetières.

« Ils se sont trompés hier... Ce n'est pas, enfin, c'est une tumeur au cerveau, avec un kyste autour, il faut faire un scanner, mais le pronostic est pessimiste, la tumeur touche des centres vitaux... » Je dis tout, exactement comme je viens de l'entendre.

Papa m'écoute sans un mot. Il dit juste « merci », et il raccroche.

Merci !

Le bleu du ciel semble ravivé par la fraîcheur de l'air.

Je m'agrippe à un taxi qui s'en allait à vide. La Seine impavide charrie quelques bateaux-mouches déserts, mais Paris ce jour-là raconte une autre histoire, imprévue et inédite, un morceau de vie entre deux rives et deux ponts, des arrêts, des détours, les tours de Notre-Dame, le Pont-Neuf, le Louvre où papa... l'île aux Cygnes où maman... la maison de la Radio et l'appartement à deux pas. Tout près du pont de Bir-Hakeim où Marlon Brando courait sous le métro aérien, avant de danser le *Dernier Tango à Paris*. Les souvenirs me donnent le mal de mer.

Crier au chauffeur de ne pas s'arrêter, je me suis trompée d'adresse. Mais je me tais et je rentre. Papa est debout derrière la fenêtre, haute silhouette foudroyée et cassée, le regard vide pour ne pas voir l'inacceptable. J'ai honte de lui avoir fait si mal.

Notre merveilleuse faculté d'adaptation me répugne et m'apparaît alors comme une inclination naturelle à la lâcheté et à l'égoïsme. Une façon de se protéger pour continuer à vivre bien tranquillement quand d'autres souffrent et meurent. Quand on souffre parce que les autres meurent et qu'on n'a pas le courage de mourir avec eux. Vivre devient parfois une drôle d'habitude.

La famille bancale est réunie autour d'un déjeuner que j'ai confectionné, non sans fierté. Maman absente, je mets un point d'honneur à mitonner des petits plats pour donner l'illusion que tout continue comme avant. C'est la première erreur. Il vaudrait mieux accepter tout de suite que plus rien n'est comme avant et changer radicalement ma façon de vivre, soudain devenue façon de survivre. Mais je m'agrippe. Je ne veux rien lâcher. Et à force d'essayer de faire coïncider à tout prix le passé et le présent, je m'emmêle les pieds dans les conjugaisons et perd mes repères. La grammaire est rigide. Impossible d'en contourner les règles. Ou la vie nous tape sur la tête comme, enfant, la maîtresse nous tapait sur les doigts.

Nous sommes tous là autour de papa, laminé, ses cinq enfants et sa belle-fille. On demande qui va à l'hôpital cet après-midi et à quelle heure, pour que maman ne soit pas seule. Chacun prend son tour de garde. Macabre relais. La vie s'organise ! Nous avons trop vite accepté le malheur. Soumis, nous nous sommes pliés à ses exigences. Nous aurions dû nous battre et nous révolter, le traiter avec mépris ; peut-être l'aurions-nous anéanti. Au lieu de quoi, c'est lui qui nous mène par le bout du nez.

Moi aussi j'ai dit merci au grand professeur quand il a annoncé la tumeur. Je méprise ma politesse, ma docilité, mes bonnes manières. J'aurais dû lui flanquer une grande claque sur sa sale tête compatissante de prof en bonne santé qui condamne d'un ton docte. Et mon père aurait dû m'insulter, me raccrocher au nez, m'interdire d'être grossière, vulgaire, meurtrière. Mais non, merci docteur, et vas-y que je lui serre la main, avec un sourire en plus, pour lui signifier qu'on ne lui en veut pas, que ça ne doit pas être facile tous les jours pour lui... Putain de bonne éducation. Saleté de résignation immédiate. Monstrueuse douleur du coup qui anéantit et oblige à se raccrocher à ce qu'on connaît par cœur, des réflexes pour vérifier que l'on n'est pas mort. Pas encore.

Ce qu'il y a de bien dans le chagrin, c'est qu'il n'en finit jamais de faire mal. On croit avoir atteint le fond, mais à peine commence-t-on à émerger de la vase qu'on retombe. Une nouvelle baffe, cinglante, parce qu'on bougeait encore, et le malheur n'aime pas qu'on lui résiste. Et il cogne et frappe et déchire et ravage et trucide, et on peut demander grâce, pardon, promettre tout ce qui est possible, il s'en fout. Il déploie même des trésors d'ignominie pour anéantir.

On continue de lutter malgré tout, par automatisme, mais il a déjà gagné, mutilé. Survivants et infirmes, il est des perspectives d'avenir plus excitantes.

Maman va mieux. Elle va bien. On a scannerisé. On a hésité. On a risqué. On a opéré. On a chimiothérapisé. On a perfusé... Elle marche, elle parle, elle écrit, elle rit, elle vit quoi ! Ses cheveux repoussent. Surprise, la jolie blonde renaît belle brune au teint clair. Mais c'est bien elle. Même si le bleu des yeux se souvient des orages.

Sursis ? Rémission ? Guérison ? Miracle ? On se fiche du mot juste. Ce qui compte c'est elle, c'est nous, tous ensemble, comme avant, mieux qu'avant, parce que rescapés et heureux de l'être. Il n'y a guère que le malheur pour nous persuader que la vie est belle.

On aurait pu s'arrêter-là mais c'eût été trop simple.

Elle est dans la cuisine, son beau visage fermé, nerveuse.

« Tu es de mauvaise humeur ? »

Je suis enchantée, la mauvaise humeur, voilà un signe de bonne santé ! La vie qui reprend ses droits avec ses coups de gueule, ses éclats. Rien à voir avec les réactions feutrées que dicte la maladie.

« Ton père a un cancer de la gorge. »

C'est comment que l'on devient dingue ? J'éclate de rire. Hystérique, hilare, je ne peux plus m'arrêter. L'humour noir quand même, on a beau dire, c'est toujours à mourir.

Maman ne rit pas. « Va donc lui demander. »

Non, je n'ai pas envie d'aller lui demander, je ne sais pas les mots. Alors comme ça mon petit papa, qu'est-ce que tu as trouvé pour nous occuper ?

Je n'irai pas.

Je ne peux pas ne pas y aller.

Il y a juste un lampadaire allumé au-dessus de son fauteuil dans le salon obscur. Il lit *Le Monde*, comme tous les soirs à la même heure. C'est rassurant de le voir comme ça. Est-ce qu'un homme qui vient d'apprendre qu'il a un cancer de la gorge lit *Le Monde* ?

Cet homme-là, mon père, il peut lire *Le Monde.*

Je me plante devant lui sans rien dire, gênée, timide, maladroite.

« Maman dit que... »

Le bruit du journal qu'il replie :

« Il ne faut pas t'inquiéter, à mon âge, ce n'est rien, l'évolution est lente, quelques rayons et puis on n'en parlera plus. »

D'ailleurs, on ne parlera de rien pendant ces deux années.

Il ne veut jamais que l'on s'occupe de lui. Il veille sur tout le monde mais il ne supporte pas d'être l'objet d'attention. Il me regarde avec une expression de lassitude résignée mais, malgré ses mots rassurants, son menton tremble. Je ne peux pas soutenir son regard, supporter l'idée de le voir pleurer. Je file sans un mot, sans un geste. Même pas capable d'un baiser... La pudeur n'est jamais que de la peur planquée sous les oripeaux de la dignité.

Dans ma chambre, Police hurle à ma place.

Après, c'est long et monotone. Toutes les agonies se ressemblent, et la vie qui s'effiloche entraîne avec elle les vies autour, toutes ensemble vers l'anéantissement, inexorablement jusqu'à la mort.

La rémission de maman a duré ce que durent les rémissions : le temps de se convaincre que l'on a échappé au pire, le temps pour le pire de faire de son mieux. Pendant ce temps-là, papa s'est appliqué à enfreindre toutes les lois de l'évolution. Lui à l'hôpital Foch, elle à la Salpêtrière, papa qui étouffe et gémit d'avoir mal, maman qui s'enfonce dans un brouillard silencieux et lointain. Il n'y a pas de degrés dans l'insupportable et entre eux deux je suis écartelée. Sa lucidité à lui et son inconscience à elle sont les deux versants d'un même mal, et les rend méconnaissables : la douleur le met hors de lui, tandis qu'elle semble dépossédée d'elle-même. Mes parents que j'aime et voudrais ne plus reconnaître.

Il est mort un matin de février. Et j'ai gardé mes larmes comme on garde ses forces, économie mesquine.

Elle l'a imité un matin de juillet.

Ce matin-là, le ciel a viré de couleur, pour nous faire croire qu'elle y avait versé le bleu de ses yeux.

Quelques jours plus tard, il y a du monde sur le parvis de l'église. Je ne suis pas allée à la mise en bière. Je l'ai assez vue moribonde pour me dispenser de la contempler morte. Je ne crois pas aux vertus réparatrices du beau visage serein, lifté par la mort éternelle. L'image ultime n'effacera jamais les autres, celles des années de l'ignorance dorée, et celles, déformées, des mois de cortisone ; il n'y aura pas d'oubli, parfois peut-être un peu d'apaisement.

Des visages vivants passent devant moi. Joues qui se frôlent, mains qui se serrent, gestes compatissants et protecteurs, mots pudiques, maladroits et sincères, précieux le temps que je les entende, puis ils meurent comme s'ils n'avaient jamais existé.

Le fourgon arrive. Les portes s'ouvrent et les professionnels du déménagement funéraire s'agitent. J'aperçois le cercueil. Ivresse de la tristesse répétée, j'en vois même deux, superposés, décalqués, histoire bègue et bête. Je vais hurler. Pourquoi ai-je besoin de prévenir ? Une main autoritaire se pose sur mon bras et me bâillonne. « Enfin, tiens-toi. » Je me tais. Je me tiens.

« Merci pour votre courage », murmure quelqu'un. Le seul courage serait de vomir ma hargne et ma haine, mais je suis lâche, bien élevée, policée, muselée. Certains se rassurent en y voyant de la dignité. J'ai vingt-deux ans et je suis digne.

Il faut continuer à vivre.

Je vis et j'étouffe de tous ces cris muets qui hurlent en moi.

Pour respirer et marcher droit, je m'accroche aux lignes blanches.

Omertà

L'amour dans la famille est considéré comme une évidence telle qu'elle dispense de toute démonstration. Nous maîtrisons mal les mots, nous ignorons les gestes, mais la présence indéfectible garantit la pérennité du lien.

Il a fallu la maladie de mes parents pour que je découvre les baisers et les caresses qui dessinent l'affection. Mais les mots n'ont pas suivi. Et ils sont morts en laissant l'impression douloureuse que nous ne nous étions jamais vraiment connus, que nous n'avions jamais pris la peine de parler, réservant le dialogue pour plus tard... Trop tard. Incapable de tirer le moindre enseignement du malheur, j'ai rangé mes gestes et continué de me taire. Comme les autres.

Si nous possédions une grande propriété familiale, nous y aurions fait graver sur le fronton : « Ici plus que partout ailleurs, tout va toujours bien. » Pour assurer la validité de cette devise, nous fuyons les conflits comme les confidences. Et au tête-à-tête qui menace, nous préférons les réunions de famille nombreuse où la pagaille bourdonnante empêche d'entendre celui qui, par manque de vigilance, se laisserait aller à parler de lui-même.

Seul le corps a droit à ses faiblesses ; l'âme est priée de bien se tenir et de contenir ses épanchements, encombrants secrets dont la révélation est considérée comme une marque d'impudeur. Il n'y a là aucune indifférence, plutôt une peur viscérale de se perdre dans la contemplation rapprochée d'un détail isolé, susceptible de nuire à l'impression d'ensemble, ce tableau d'apparence si paisible résistant aux outrages du temps, cette illustration un peu rigide d'une devise figée.

L'élément n'existe qu'en fonction d'un tout. Pris séparément, il déconcerte. Toute dissonance est alors interprétée comme un mouvement de mauvaise humeur, une agression injustifiée, dont l'assemblée se défend pour être sûre de ne pas se retrouver au banc des accusés. Ce n'est jamais le moment ni la peine de, parce que c'est Noël, ou parce que c'est l'anniversaire, ou parce que pour une fois que nous sommes tous là... Toutes les occasions sont bonnes pour se taire. L'audacieux se reconnaît coupable et, repris par la force de l'habitude, regrette d'avoir failli gâcher la fête. Après tout, c'est vrai que ce n'était pas le moment.

Les angoisses ont récrit la devise et, ici plus que partout ailleurs, j'ai suffoqué du poids de nos silences bavards, mais sans jamais réussir à briser l'*omertà*. De l'avis général, plein de sollicitude et de gentillesse, mes malaises affolés ne pouvaient être que des réactions physiques à un petit trouble chimique. Après quoi, nous avons cessé d'en parler, et pour être sûre de ne pas dénaturer le tableau, j'avale des anxiolytiques qui m'aident à respecter le devoir de réserve. Cela ne change rien à la tendresse, sans rancune, seulement le regret des rencontres manquées.

Pour briller, l'amour a besoin d'éclats, mais notre amour à nous refuse le risque de la coupure. Notre amour est un amour craintif.

La peur, une histoire de famille.

La tête de l'emploi

Inutile de nier plus longtemps l'évidence : je ne corresponds pas à l'image de l'angoissée type, petite, menue, voire maigre, nerveuse, le regard noir et fiévreux mangeant un visage émacié rongé par la peur.

Grande, blonde, « épanouie », les yeux clairs et le visage rond et lisse, je dois me résoudre à donner l'apparence de la sérénité et jouer un rôle à contre-emploi. J'ai beau m'appliquer, mon numéro n'émeut personne. Quand je me mets à courir dans la rue, Romain me trouve drôle ; quand je chante pour clouer le bec à l'angoisse, les passants s'étonnent de ma gaieté. Allez comprendre.

« Comment fais-tu pour avoir l'air toujours aussi calme et tranquille ? » me demande une amie en me voyant arriver à l'école d'un pas nonchalant à l'heure des mamans-petits-pains-au-chocolat.

Sa pratique du second degré me fait grincer des

dents. Calme, moi, quand je me suis arrêtée trois fois en chemin, menacée d'asphyxie et d'évanouissement ? Quand je viens d'avaler un pain aux raisins et une demi-baguette dans le seul but de me lester pour retarder l'évaporation imminente ? Quand je suis en train de grimacer en tripotant mes cheveux et que, comme tous les jours à la même heure, je tente de me persuader qu'en cas de malaise je peux trouver refuge chez la gardienne de l'école ?

Lassée de ma propre comédie, je m'aventure :

« Tu sais, je ne suis pas calme du tout. »

Elle m'interrompt, philosophe :

« Cela viendra... tu finiras par être ce dont tu as l'air. »

Et si, au contraire, je finissais par avoir l'air de ce que je suis ?

Déclarations d'indépendance

Révolution ! Je pars en vacances. Seule avec Romain. Sans Gilles qui, comme d'habitude, fera la navette entre Paris et sa maison familiale. Les étés précédents, je m'étais arrangée pour ne pas m'éloigner, afin qu'il vienne nous rejoindre quelques jours, m'offrant l'illusion d'un amour sans partage. Cette fois, je m'impose un défi, je m'envole vers les Antilles où vit mon amie Florence.

Florence fait partie de ces êtres trop rares qui ont su m'entourer pendant la maladie de mes parents. Je pouvais lui parler, écrire de longues lettres noires et plaintives, elle était toujours là, la seule ne qui ne fuyait pas en m'intimant l'ordre de me distraire et de penser à autre chose, afin d'éviter que je l'éclabousse de mon cafard. Avec sa sensibilité intuitive et généreuse, elle devinait qu'il ne sert à rien de mimer le détachement et l'oubli.

Pourtant, Florence s'est envolée un matin de février 1982, quelques jours après l'enterrement de papa. Déchirée par une histoire d'amour morne, dégoûtée de tout et surtout d'elle-même, qui se contentait de gérer sa vie comme à la banque les dossiers de ses clients, elle quittait Paris, définitivement disait-elle, pour essayer de renaître ailleurs.

Je l'ai regardée partir avec une infinie tristesse et, comme beaucoup d'autres, une pointe de scepticisme : nous pensions qu'il s'agissait d'un coup de tête et qu'elle reviendrait dans quelques semaines, quelques mois peut-être, couler des jours hystériques dans les embouteillages et le stress, sans plus se poser de questions existentielles et inutiles, consciente que le soleil ne peut rien contre la misère intérieure, et qu'ici ou ailleurs c'est toujours le même être qui vit, rit, pleure et meurt.

Nous avons continué de nous écrire d'interminables lettres à épisodes qui s'étalaient sur plusieurs semaines. Elle racontait la mer, le lagon turquoise, les petits boulots passagers, les maisons pleines d'amis, les siestes dans le hamac, le désir de s'adapter, la difficulté de tout changer et les grosses enveloppes qui m'arrivaient sentaient l'hibiscus et le frangipanier. Je répondais par l'hôpital, l'agonie, les ravages inexorables des jours qui entassent le désarroi sans se soucier de savoir si les épaules et le cœur peuvent en supporter le poids, la pénombre de la chambre, les murmures inquiets, les plaisanteries de survie, tout ce chuchotement de la maladie qui étouffe les cris. Mes enveloppes à moi devaient puer l'éther et l'eau de Javel, parfum de mort entêtant jusqu'à la nausée. Mais, même loin, Florence ne m'avait pas quittée, m'encourageant à continuer de noircir des pages et des pages de ma révolte stérile.

Contrairement à nos prédictions de jeunes blasés, Florence n'est pas revenue. Elle vit encore à Saint-Barthélemy, avec un mari et une jolie petite Agathe, d'un an plus jeune que Romain. Avec le temps, nos lettres se sont espacées, et parfois le silence s'installe, qui fait songer à l'oubli, mais Florence ne peut pas disparaître de ma vie, où elle occupe une place à laquelle nul ne peut prétendre, celle de la reconnaissance et de la complicité infaillibles, qui se rient des distances.

C'est après un long silence que je me suis décidée, envoyant une lettre poste restante comme une bouteille à la mer. Elle a répondu par retour du courrier qu'elle nous attendait... J'étais heureuse de la retrouver. Fière de mon acte d'indépendance.

En me croisant le jour du départ, on est en droit de douter de mon bonheur et de ma fierté. Gilles s'étant éclipsé pour échapper à la cérémonie des adieux... et des reproches que je n'aurais pas manqué d'y glisser, deux de mes sœurs se chargent d'agiter leurs mouchoirs et font preuve, une fois encore, d'un courage exemplaire. Déjà, dans la voiture, je suffoque. Je ne vois rien, n'entends rien, je tremble de tous mes membres car il va sans dire que l'avion s'écrasera au beau milieu de l'Atlantique. Comme si cela ne suffisait pas, la sale petite voix doucereuse ricane que je suis folle de partir seule, que je n'arriverai pas à vivre sans Gilles, si longtemps et si loin... Je veux rentrer, annuler, rester chez moi, me cacher, disparaître. J'ai vu trop grand, je me suis prise pour ce que je ne suis pas, aventurière à la petite semaine que le vrombissement d'un réacteur réduit à l'état de bête traquée.

Enregistrement des bagages, attente ; bientôt il va falloir passer dans la salle d'embarquement et plus le temps se réduit, plus je me recroqueville dans la terreur. Je marche comme une somnambule, essayant de m'aggriper aux évocations paradisiaques de mes sœurs. Rien ne me distrait de mon chaos.

Juste avant de franchir la ligne qui va me précipiter vers ma fin certaine, je m'effondre en larmes. « Je ne peux pas, je ne veux pas... »

Béatrice, la plus jeune, prend sur elle pour tempérer son agacement : « Enfin, tu ne vas pas au bagne, mais en vacances, sur une île de rêve, avec ton fils, une amie que tu adores ! C'est ridicule... »

Elle a raison, hélas, et le ridicule de la situation redouble mes sanglots, chargeant le désarroi du poids supplémentaire de la culpabilité et de la honte.

« Si ça doit te mettre dans un tel état, rentre ! Tant pis, ce n'est pas grave, tu reviens avec nous. »

Touché ! Je me ressaisis. Il est trop tard pour sauver la face mais il est encore temps de partir.

« Allez, tu vas voir, dans deux jours, tu riras de tout ça. »

La petite main de Romain bien serrée dans la mienne – est-ce moi qui l'aide à avancer ou lui qui m'empêche de tomber ? –, je ne me retourne pas. Dans l'avion, je m'affale sur le siège et informe l'hôtesse :

« Je vous préviens, je meurs de trouille.

– Vous verrez, tout se passera bien. Dès que nous décollerons, vous n'y penserez plus. »

Romain s'installe, déplie les jeux et sort les crayons qu'on lui a donnés pour tuer le temps, se plonge dans la contemplation des consignes de sécurité, allume et éteint la lumière au-dessus de son siège, penche le fauteuil, le redresse, s'émerveille et babille d'excitation. « Il est quelle heure à Saint-Barthélemy ? »

La ceinture de sécurité jugule l'angoisse.

Les vacances sont longues, belles, riantes, dépaysantes mais angoissées. Ni la caresse des palmiers, ni l'horizon limpide ne calment la peur. À peine quelques instants de répit et elle revient m'éclabousser plus sûrement que les vagues où je chavire, sous l'œil un peu inquiet de Florence qui me découvre dans mes œuvres. Je lui avais écrit mes angoisses mais jamais encore elle ne m'avait vue en crise, hystérique et tremblante, physiquement présente mais retranchée du monde. Gilles appelle régulièrement. Au lieu de me rassurer sur l'intensité de notre lien, ses appels accentuent mes désordres et mes doutes.

Le retour à Paris et les retrouvailles amoureuses effacent la distance sans dissiper l'anxiété latente. Je n'ai plus peur de mourir loin de Gilles mais ne suis guère plus rassurée de mourir près de lui. Je commence même à me demander si je n'ai pas peur de continuer à vivre à ses côtés. Le malaise persiste, épais, indissoluble, résistant à tout ce qui prétend le résorber. Sentiment d'être boiteuse, incomplète, empêchée... par les angoisses et le reste aussi, nébuleuse non identifiée derrière laquelle je me planque. Cela fait trop longtemps – trois ans ! – que je vis avec l'angoisse. Pas très bien mais pas trop mal, en tout cas moins mal. Je ruse. J'évite. Je me came. Je me résigne ou m'énerve. Certains parlent d'habitude. Elle rime chez moi avec la lassitude qui ressasse le ras-le-bol et l'impossibilité de continuer, et redessine indéfiniment le visage épanoui de Florence, qui est partie un jour triste, fatiguée de ne rien faire d'autre que de subir.

Oubliant les caricaturales évocations utérines du monsieur de la rue Madame, je décroche mon téléphone pour « parler à quelqu'un ». Après la naissance de Romain, le baby-blues jouant les prolongations douloureuses qui mènent au dégoût de tout, j'avais atterri chez une psychiatre supposée m'aider à faire le point. L'issue de l'entretien m'avait laissé la porte ouverte, si j'en éprouvais le besoin, mais les vacances approchant m'avaient dissuadée de revenir. Le temps, la rencontre avec Gilles, le divorce d'avec le père de Romain avaient fait le reste, reléguant le baby-blues devenu blues au rayon des coups de pompe que la vie vous ménage, histoire de tester vos capacités de résistance. C'est vers cette femme que je reviens.

Elle connaît assez bien son rôle pour ne pas se sentir obligée de le jouer, m'épargne les toussotements agacés et les bâillements ennuyés, accepte de se détourner de la contemplation de ses mains pour me regarder, et, au lieu de m'ordonner de revenir, me laisse libre de réfléchir. S'il me restait encore des doutes, sa ressemblance avec maman achève de les dissiper. À qui d'autre parler ? Parler « pour de vrai », pour ne pas mourir de tous les mots retenus qui finissent par se venger de notre négligence et sèment l'anarchie, sous forme de tumeurs malignes, tumeurs de mots mortelles. Parler pour ne plus fuir en courant de thérapeutes en thérapies, pareille à la marionnette, trois petits tours et puis s'en va, tralala. Parler pour traquer le souvenir qui expliquerait l'angoisse tout en l'extirpant.

Elle sourit un peu, amusée de tant de naïveté. Cela ne marche pas tout à fait comme je le pense et je ne dois pas espérer l'illumination libératrice. L'angoisse, comme le monde, n'a pas été créée en un seul jour et un seul souvenir ne suffirait pas à tout effacer définitivement, « Bon sang, mais c'est bien sûr », en se tapant sur le front de la paume.

Son écoute, son honnêteté, son refus des promesses mensongères m'apparaissent comme une preuve du respect que l'on ne m'avait plus témoigné depuis longtemps. Elle ignore combien de temps cela durera, elle dit seulement que cela peut être long, difficile, déroutant, douloureux aussi, mais qu'elle sera là. Et d'un mot, elle m'indique le chemin : si je veux remonter le temps, il faut partir d'aujourd'hui, des grands détails et petits accidents d'un quotidien que j'élude en m'agrippant à d'anciennes souffrances pour me protéger des coups que m'assène le présent.

Dire ce que je suis afin de ne pas me dissimuler derrière ce que j'étais, puisque le but de tout cela est d'apprendre à vivre la réalité.

C'est là que les choses se sont gâtées.

Parce que je ne suis rien du tout.

Je n'existe qu'à travers Gilles. Le sait-il, lui qui se moque de mes séances du jeudi midi comme s'il les redoutait ?

Décalages

Dix-sept ans me séparent de Gilles. Lorsque je suis née, il flirtait déjà dans des 2 CV un peu bancales, en s'émerveillant de séduire quand il se croyait laid.

Cette avance de calendrier lui a donné le loisir de construire, à une époque où je me contentais de repérer le terrain. Lorsque nous nous sommes rencontrés, sa vie était en place, installée, ordonnée, équilibrée surtout, le mot le rassurait. Contre vents et marées, il avait maintenu le cap, avec une aptitude à éviter les extrêmes qui me fascinait tant elle m'était étrangère.

Porté par les regrets que donne le temps qui passe et rend le conditionnel imparfait, Gilles se mit à aimer d'amour fou. Enthousiaste et naïf, il crut un temps qu'il réussirait à recommencer une autre vie faisant rimer sa prudence avec mes exigences. Mais il avait une femme, des enfants, et, passé l'emportement de la passion, il a été moins convaincu de désirer une autre femme, un autre enfant. Une maîtresse lui suffisait et j'ai cru que ce statut me suffirait à moi aussi. Étions-nous sincères quand nous prétendions que l'amour se moque de toutes les convenances ? En tout cas, avec la même foi, ardente et mauvaise, nous nous sommes installés dans une situation bancale de vaudeville éculé, persuadés que nous en déjouerions les pièges.

Plus le temps passe, plus nous étouffons dans nos rôles respectifs. Lui, en indécis, empêtré dans ses promesses non tenues et s'essoufflant à aimer tout le monde ; moi, en insatisfaite, réclamant des preuves d'amour qu'il ne donnera jamais.

Pour exorciser la fêlure, je fredonne, l'air dégagé : « Qui a deux femmes perd son âme, qui a deux maisons perd sa raison. » Il dit aimer mon âme, mais ma raison chancelle.

Chez la dame du jeudi, je découvre que rien ne m'oblige à supporter et même à rechercher ce qui me fait mal. Je suis libre et responsable. Les mots sont beaux mais exigeants.

Mourir de rire

« C'était pour rire ! »

Il avait dit ça sans hésiter, comme une évidence d'une clarté limpide, selon l'une de ses expressions favorites. Pourtant, son air gêné, son regard fuyant chercher refuge entre le poulet à l'estragon et le saumon à l'oseille de la table voisine, sa façon de se taire, tout contrastait étrangement avec son propos.

C'était pour rire !

J'aurais dû m'y attendre. Après tout, Gilles est apprécié pour son humour. Mais son truc à lui c'est la gentillesse, la blague qui fait rire ou à défaut sourire, sans risque de choquer. Il se défend de tout cynisme ; j'avais bien du mal à comprendre que l'on versait soudain en plein humour noir. D'ailleurs, je ne voyais pas bien où se situait l'humour à ce moment très précis.

Un joli dîner, amoureux et complice. Transparents l'un à l'autre. Osmose parfaite qui m'encourageait à demander.

« Pour mes trente ans, ton cadeau, c'est maintenant qu'il faut y penser. Sinon, il ne sera jamais prêt. » J'aurais dû me méfier de son air surpris, mais j'ai continué : « Neuf mois, même s'il naît un peu en avance, il faut bien compter huit mois. Et le 12 octobre c'est dans... » J'ai compté sur mes doigts : « Sept mois et des cacahuètes... tu vois, il n'y a plus de temps à perdre. »

Il ne disait toujours rien.

J'ai poursuivi, très gaie : « Tu m'as bien promis un bébé, non ? »

Si, bien sûr, je n'avais pas rêvé, il avait promis. Mais c'était pour rire !

J'aurais peut-être dû hurler à ce moment-là, mais rien n'est venu. Rien. Même pas un rire forcé. « Ah ! bon », c'est tout. Et puis nous avons fini de dîner. Nous sommes rentrés. Je n'avais pas très envie de le prendre par le bras. Juste envie dc me taire, ne plus faire semblant et me pelotonner sous la couette.

Nous avons fait l'amour. Nos corps s'entendaient si bien.

Je n'ai même pas pensé à pleurer. Crier. M'indigner. Protester.

À chaque fois, c'est la même chose : quand on me fait mal, j'encaisse sans rien dire, à peine une banalité, comme si ça ne suffisait pas de se faire déchirer, il faut encore que je vienne en aide à l'autre qui me bousille avec tous les raffinements nécessaires. Un vieux reste de catéchisme sans doute, du temps des jupes plissées bleu marine, chemisiers blancs à col rond, quand on apprenait que, si l'on te frappe la joue droite, tu dois tendre la gauche. Ou vice versa.

Et quand on te démonte la gueule, quand on te broie, on fait quoi ? L'Évangile ne préconisant rien pour ce cas de figure extrême, j'ai donc choisi bien malgré moi d'aider l'autre qui cogne, en le rassurant : t'inquiète, je ne sens rien, c'est pas grave du tout. Après tout, personne n'est mort, non ? Puisque c'était pour rire.

Cela faisait tout drôle de découvrir Gilles beaucoup moins drôle. Voire pas drôle du tout. Et même sinistre et monstrueux. Enfin, à vrai dire, je ne trouvais rien du tout. Je ne pensais pas. J'enfouissais la tête dans son torse, le battre et me protéger tout à la fois, ça s'appelle comment cette espèce d'attachement que l'on ressent pour son bourreau ?

Jouir, gémir et s'endormir.

Fais de beaux rêves mon ange.

Le lendemain, j'étais frappée d'amnésie, Gilles à côté de moi, tendre, amoureux. Nos câlins du matin n'étaient jamais des câlins chagrins. Ce matin-là comme les autres.

À une séance du jeudi, cherchant les maux de la mémoire, je réalise que c'est l'après-midi suivant ce matin-là que je me suis noyée pour la première fois dans le vertige et l'angoisse. Ce souvenir moche et sale est comme un repère pour essayer de comprendre. Mais quoi ?

Il n'y a pas de coupable. Juste une tristesse de trop qui pousse la bête à se montrer enfin. Le seul responsable, c'est le chagrin qui me lamine et que je nie, faute de pouvoir le vivre sans risque de m'y perdre. Le chagrin rend fou, j'en suis sûre.

Sans même le reconnaître, je suis en train de devenir folle.

Système D

Mes sorties d'angoissée sont autant d'expéditions à haut risque, inconcevables sans un matériel de survie impressionnant, patiemment élaboré au fil des mois et pour lequel j'envisage de me présenter au concours Lépine. Dans mon cabas de première nécessité, on trouve en vrac :

1) Les anxiolytiques. Plus importants que tout, même si la psychiatre aux yeux aussi bleus et aussi doux que ceux de ma mère est la première à sous-entendre que je suis apte à m'en passer. Il me faudra encore un peu de temps pour arriver à y croire.

2) Les papiers d'identité. Indispensables, même pour aller à la boulangerie au coin de la rue. Au cas fort probable où, mourante et dans le coma, on me transporterait à l'hôpital. C'est à regret que je me sépare parfois de mon gros agenda : sur la première page, je me suis appliquée à écrire les noms des personnes à prévenir en cas d'accident. En majuscules lisibles. On n'est jamais trop prudent.

3) Une bouteille d'eau. Pour arroser les vapeurs qui me tournent la tête, même avec – 2 °C au thermomètre. Je bois donc beaucoup et, selon la durée du trajet, il faut parfois prévoir deux bouteilles que je remplis au moment de partir, afin que l'eau soit bien fraîche. La nervosité n'inclinant pas au soin maniaque, je les emporte dégoulinantes et elles finiront de réchauffer en roulant sur le sol de la voiture, quand je ne les ferai pas éclater en appuyant sur l'une des pédales.

4) Des chewing-gums. Achetés en lots de trois ou cinq paquets. Lorsque mes mâchoires se raidissent et se crispent, je mastique une petite dragée avec frénésie afin de détendre les maxillaires et éviter ainsi la mort par étouffement. Les chewing-gums perdant toute saveur après trois minutes de mastication intensive, le budget confiserie devient conséquent.

5) Des amandes, des noisettes, des raisins ou abricots secs. Effets similaires à ceux du chewing-gum. Avec l'avantage d'être riches en magnésium, substance qui, si j'en crois certains médecins, me fait cruellement défaut. Certes, ils sont caloriques mais je ne peux tout de même pas sacrifier ma santé au profit de ma ligne. Il va sans dire que j'aurais très bien pu me gaver de dattes ou de figues sèches, mais c'est une question de goût personnel.

6) Un livre. Réservé aux jours fastes. Je sais d'expérience que lire en voiture me donne instantanément mal au cœur et je subodore qu'il n'est guère

prudent de conduire en bouquinant. Rien ne précise qu'il soit préférable de conduire en suffoquant. Ledit livre a pour but de détourner mon attention de l'angoisse. Puisque je ne peux de moi-même penser à autre chose, j'espère m'attacher à la pensée des autres. Pour m'assurer une concentration maximale, je choisis des recueils de poèmes et me fixe pour mission d'en apprendre par cœur quelques vers. Éluard, Cavafy, Char, Michaux et Aragon m'accompagnent ainsi dans mes voyages insensés. À chaque feu rouge, incapable de supporter l'immobilité et l'inaction, je me précipite sur le volume et entreprend d'ânonner à voix haute. Plus j'essaie de me concentrer, plus je m'énerve, plus j'ai chaud, plus je suffoque, plus j'ai peur... L'esprit tourne à vide, je lis des mots auxquels l'angoisse ôte leur signification et mon vacarme intérieur empêche d'entendre leur musique. En moins de temps qu'il n'en faut pour l'écrire, je suis tirée de mon calvaire par des coups de klaxon frénétiques d'automobilistes pressés. D'autres angoissés peut-être... Livre sur les genoux, mains moites glissant sur le volant, je tâche en vain de me souvenir ne serait-ce que d'un mot. Las... Si, à sa façon, l'angoisse m'a permis d'apprendre certaines choses, ce ne sont sûrement pas des poèmes.

Les passagers de ma voiture-épicerie-droguerie-quincaillerie finissent tous, un jour ou l'autre, par s'asseoir sur un raisin sec ou écraser un paquet de chewing-gums. Loin de s'en offusquer, ils s'en amusent et, comme je suis consciente de l'encombrement de mon arsenal antipanique, il m'arrive, entre deux gorgées d'eau, de rire avec eux. Avant de leur demander, paniquée, si je ne suis pas toute blanche. La légèreté se plombe d'un coup. À me voir me moquer de moi-même, un instant ils m'ont cru guérie ; « la » question balaie leurs espoirs en même temps que les miens.

Un jour où je lui ai dépeint, non sans une certaine complaisance, mes suffocantes tribulations motorisées, ma psychiatre préférée a vu dans la voiture un symbole possible de l'utérus maternel. L'utérus doit être une obsession psychanalytique. Je lui ai pardonné ce que je considère encore comme une faute de parcours, même si, à l'époque, sa révélation a contribué à accélérer ma tachycardie chronique.

Heureusement, peu de temps après, ma vieille guimbarde a donné des signes d'épuisement, et j'en ai profité pour l'abandonner lâchement à la casse.

Désormais, je roule en scooter. À l'air libre.

Sans doute le symbole d'une nouvelle naissance. Mais toujours l'angoisse à la place du nombril.

Parce que le scooter ne roule pas assez vite pour semer l'angoisse, et parce qu'il arrive que je sois obligée de marcher, j'ai également mis au point un vaste répertoire de gestes conjuratoires. Objectif : maintenir la bête à distance.

1) Je passe la main dans mes cheveux, enroule une mèche, la déroule, l'enroule encore. Quand l'esprit fiche le camp on ne sait trop où et s'égare au-delà de la réalité, quand le corps donne l'impression de se dissoudre, le contact des cheveux et de la main me permet de vérifier : que je suis toujours là, que la réalité n'a pas (encore) totalement disparu.

Certains fins observateurs doivent me croire bourrée de tics mais, dans ce cas très précis, je me fiche de ce qu'ils pensent.

2) Prolongement de cette tentative de reconnection au réel, je me regarde dans le rétroviseur. On m'accusera de narcissisme aigu mais, en l'occurrence, ce regard inquiet n'a d'autre but que de vérifier que je suis bien là, pas toute blanche, et que je continue de me ressembler malgré la tourmente qui me dévaste. Si, de mes doigts nerveux et moites, je coiffe mes sourcils ou recourbe mes cils, ce n'est toujours pas par souci esthétique mais bien pour me raccrocher à des preuves tangibles de survie. Il va sans dire que mon regard éprouve quelques difficultés à se trouver comme il faut, et j'ai souvent l'impression d'être catapultée devant les glaces déformantes qui font hurler de rire Romain au Jardin d'Acclimatation. Sauf que je ne ris pas... Je farfouille donc dans mon sac, à la recherche d'un bâton de rouge à lèvres ou d'un boîtier de rose à joues. Je me maquille, donc je suis. La futilité parfois se révèle essentielle.

3) Je prends mon pouls. L'index au creux du cou ou le pouce sur le poignet, un œil rivé sur la trotteuse, je compte les battements. Dans ces moments-là, mon cœur ne bat jamais normalement. À 90 battements/minute, je frise l'apoplexie ; à 65, je m'estime en phase d'essoufflement précédant l'arrêt définitif.

4) Dans la rue, je compte mes pas. De 0 à 10 puis, à rebours, de 10 à 0. Il m'arrive de varier le système et de compter sans m'arrêter. Je sais ainsi, information capitale, que de chez moi à la place Maubert, il me faut tenir 527 pas. La traversée de la place nécessite 41 pas supplémentaires, soit un total de 568 pour un aller simple, ce qui nous met l'aller-retour à 1 136, le nombre de pas n'étant pas dégressif. Cet exercice ne souffre pas la moindre distraction. Si, d'aventure, je parviens à mettre assez de distance entre moi et moi pour me regarder compter, j'en viens aussitôt à douter de ma santé mentale. Résultat, l'angoisse explose. Il faut trouver autre chose.

5) Pour exercer sa concentration, Gide conseillait de faire de chaque trajet un moment de réflexion exclusivement consacré à un thème, déterminé au moment du départ. J'ai voulu suivre son exemple. Soit que j'aie douté inconsciemment de pouvoir rivaliser avec l'acuité de son intelligence et de son analyse, soit que j'aie choisi des thèmes me dépassant, soit qu'à la réflexion j'aie préféré la contemplation de mon nombril tourneboulé, avec un narcissisme qui n'a d'égal que l'hypocondrie, soit les trois à la fois, ce

qui est le plus probable, toujours est-il que je n'ai jamais pu penser à un même thème plus de deux minutes et quatorze secondes (moyenne générale et approximative). Pourtant, j'ai abordé les domaines les plus divers, depuis les grandes énigmes de l'univers jusqu'à la recette de la blanquette de veau, en passant par la réforme du système électoral. Piètre citoyenne, ni matheuse, ni cuisinière, je suis désespérément restée ce que j'étais, une angoissée. Juste une angoissée.

6) Mon amie Samia est une adepte de la méditation et autres pratiques à consonances orientales qui toutes, c'est promis, apportent la délivrance et la sérénité. J'ai cherché à le vérifier par moi-même.

Un jour qu'elle était venue me rejoindre aux Antilles, nos vacances cartes postales ont failli tourner aux vacances apocalypse. En dix minutes, l'aquarelle pastel a été repeinte par un Fauve halluciné, ciel anthracite sur mer noire, rayé d'orange électrique. La tempête tropicale n'a pas tardé à se changer en cyclone qui avait l'île à l'œil. L'air résonnait de petits coups de marteau répétitifs, chacun s'appliquant à clouer portes et fenêtres pour éviter qu'elles ne volent en éclats. En raison de l'alerte décrétée maximale, la radio diffusait les consignes d'usage en créole. Chez moi, le cyclone était déjà intérieur, mais Samia souriait, énigmatique, affirmant pour me rassurer que ce serait une bonne expérience de mourir ainsi et ici. Cette pseudo-sagesse, loin de me calmer, doublait mon angoisse d'un énervement rancunier. Je n'avais aucune envie de mourir, fût-ce à cause d'un cyclone, ni aux Antilles ni ailleurs. Surtout pas aux Antilles, loin de mon amour, de ma famille, de mes amis...

Pour se maintenir dans cet état proche de la béatitude (de l'hébétude ?), Samia disposait d'un moyen infaillible. Elle récitait « son » mantra. Emprunté au sanskrit, le mantra est un mot, ou une phrase, doté de pouvoir spirituel. Le mantra de Samia se traduit phonétiquement par « Omnayashivaya », entendez quelque chose comme « je respecte la propre déité qui est en moi ». Ne disposant pas de mantra personnel, je me suis approprié le sien, personne ne m'empêchant de respecter la déité qui se cachait en moi, même si je ne l'avais jamais encore entr'aperçue ni ressentie. Manque de conviction ou de concentration, ou punition pour pratique illicite d'un mantra volé, j'ai répété « Omnayashivaya » sans éprouver le moindre mieux-être ; mais peut-être ai-je ainsi contribué, sans le savoir, à détourner le cyclone de sa trajectoire initiale.

De retour à Paris, renonçant à pratiquer le sanskrit, je me suis rabattue sur une prière plus familière qui, répétée elle aussi depuis quelques milliers d'années, avait bien dû se charger d'un certain pouvoir. J'ai opté pour « Je vous salue Marie », que j'ânonnais trois fois comme pénitence après l'obligatoire confession hebdomadaire de mes jeunes années dans une institution religieuse. Donc : « Je vous salue Marie, pleine de grâce... Priez pour nous, pauvres pécheurs, maintenant et à l'heure de notre mort. » Je n'aurais pas pu trouver pire. « Maintenant » se confondant avec l'heure de ma mort, je me sens coincée, acculée. Je ne veux pas mourir. Oublie-moi, Marie.

J'ai rangé mantras et prières et, alors que je désespérais de mon salut, les affirmations sont venues à mon secours. Une affirmation est une phrase que l'on vous donne à l'issue d'une séance de *rebirth*, cette thérapie qui consiste à vous faire haleter, vous mettant dans un état d'hyperventilation propice à laisser remonter vos émotions : toutes les émotions enfouies au plus profond de votre être, qui vous encombrent et vous blessent à votre insu ; tous les chagrins, les peurs, les doutes que vous avez ignorés et qui se vengent de votre désinvolture en vous pourrissant la vie de mille manières. Ces émotions tues impriment en vous des pensées négatives qui bloquent votre évolution. D'où la nécessité d'une affirmation à répéter le plus souvent possible car, la pensée étant créatrice, mieux vaut penser positif. Je ne sais quelle négligence, quel manque d'application m'a épargné les séances de *rebirth*, mais je pouvais sans risque reprendre une affirmation à laquelle Samia (encore elle) avait eu droit. « Le monde est sûr et bienveillant, je suis en paix dans le monde, je suis en sécurité dans le monde, le monde est sûr et bienveillant, je suis en paix... » *(sic)*. Et ainsi de suite, en boucle, pour que ça s'inscrive, s'imprime, s'imprègne. Le monde est sûr, pas sûr. Le monde est bienveillant, pas toujours. Je ne suis en paix ni dans le monde ni ailleurs...

J'ai fini par trouver tous ces exercices simplistes, puérils et inutiles. Quitte à rester dans la débilité et à rabâcher sans penser, j'ai pris l'habitude de répéter les numéros de code et de téléphone des gens chez qui j'allais.

Il en est encore pour s'émerveiller de ma mémoire. « Tu ne te rends pas compte de ta chance. »

Quelle chance ?

Rupture

Il me prétend invivable ; je l'accuse de n'être pas fiable. Il me dit méchante ; je le trouve lâche. Je lui en veux de ne pas avoir tenu ses promesses, de s'être figé dans son élan ; il se justifie en invoquant l'angoisse et mon incapacité à me laisser aimer, à m'abandonner, tout entière. À lui.

Gilles et moi refusons d'admettre que l'amour nous fait la gueule. Mais les cris de notre jouissance toujours réinventée ne couvrent plus les sifflements de nos mots mauvais et rancuniers.

Comment se quitter sans se détruire ? C'est moi qui coupe, mais je suis nulle dans le maniement des ciseaux, ce n'est jamais net et sans bavure, je dévie et finis par tout déchirer. J'impose le silence total, un défi nécesssaire pour me prouver que j'existe. Ne plus me sentir humiliée, frustrée et incomplète. Ne plus être dépendante de lui qui me reproche cette dépendance et s'applique à me démontrer que je ne peux pas vivre sans lui.

J'avais commencé une psychanalyse pour me débarrasser de mes angoisses et c'est de Gilles que je me sépare.

Il respecte la décision qu'il désirait sans vouloir en endosser la responsabilité. Habituée au silence des morts, je découvre le silence des vivants. Indicible tristesse de l'histoire inachevée. Pourquoi pleurer puisque c'est moi qui l'ai voulu ?

Angoisse d'amour.

Humour noir

Je peux admettre que je suis angoissée. Je ne peux pas me reconnaître triste. C'est comme ça. Je ris beaucoup mieux que je ne pleure. Et quand je n'arrive pas à rire, je raille. Et quand je ne peux plus railler, j'angoisse.

Plus d'une fois, pendant la maladie de nos parents, mon frère et moi nous sommes retrouvés pliés, explosés, hilares. Plus la situation nous paraissait inhumaine, plus nous en rajoutions dans l'ignoble. Rayon humour noir, nous aurions pu monter un spectacle. Les gens parfois nous regardaient d'un drôle d'air, mi-réprobateur, mi-compatissant, le caractère un peu redondant de la situation pouvant expliquer un ramollissement de notre Q.I.

J'ai gardé ce réflexe que d'aucuns qualifient de système de protection. Comme tout réflexe, il n'est ni réfléchi ni raisonné, résultat d'un conditionnement expérimental et un rien vicieux.

« Qu'est-ce qu'on peut offrir à nos parents pour Noël ? » se lamentaient un jour mes petits camarades de travail au cours d'un déjeuner de journalistes consacré aux questions d'actualité. Nous nous côtoyions depuis plusieurs mois sans rien connaître de nos histoires personnelles et, comme on m'interrogeait sur mes perspectives réveillonnesques, je me suis entendue répondre que « ayant eu droit à leur pot de chrysanthèmes à la Toussaint, mes parents se passeraient du Père Noël, cela leur apprendrait à faire des farces douteuses ». Silences gênés, les regards qui plongent dans l'assiette comme si couper un morceau de viande nécessitait l'attention d'un orfèvre en horlogerie. Je suis la seule à me marrer. Tant pis... La gêne aurait été la même si j'avais avoué, l'œil larmoyant, que mes parents étaient morts. À quoi bon exhiber mes béances et me lamenter sur Noël devenu un cauchemar, le temps ne change rien à l'affaire, les traditionnelles réjouissances familiales accentuent toujours l'absence.

Rire jaune et humour noir, toutes ces couleurs m'écœurent. Après plus de quatre années au service de l'angoisse, je crois deviner que si je pleurais pour de bon, au lieu de ricaner à tout propos, je n'en serais pas là, à suffoquer comme une andouille au moindre vague à l'âme. Parfois, après une bonne crise qui me laisse K.O., vidée, vannée, exsangue, je me surprends à sangloter. C'est rare mais divin. Les larmes apportent l'apaisement et la délivrance, et c'est une motivation suffisante pour m'essayer plus souvent à un débordement lacrymal, tel que je l'observe et l'envie chez les autres. Ce doit être la même chose que l'acupuncture, la sophrologie et tout le reste : puisque tout le monde arrive à pleurer, il n'y a aucune raison que je n'y arrive pas. Avec un peu de bonne mauvaise volonté, il n'est pas besoin de réfléchir longtemps pour trouver toutes les raisons du monde d'être malheureuse.

Pour me jouer le grand désespoir, je choisis le soir de préférence, après prise de bec mémorable avec mon rédacteur en chef et prise de tête déplorable avec Romain, seule dans le lit déserté par les étreintes, la télévision ronronnant sur un téléfilm insipide. L'entreprise de démolition peut alors commencer.

a) Je dresse un bilan de ma vie. Bien que provisoire, il n'en demeure pas moins catastrophique :

– vie affective désastreuse ; pas d'amour, juste des amants de passage qui me pèsent plus qu'ils ne me plaisent ;

– travail peu valorisant dans un journal que je n'aime plus ;

– incompatibilité d'humeur avec mes « supérieurs hiérarchiques » ;

– impossibilité de changer de voie : bagage universitaire nul et aucun don particulier pour quoi que ce soit ;

– relations difficiles avec Romain ;

– famille qui s'effiloche ;

– sentiment d'être moche et vieille, en tout cas vieillissante, ce qui ne risque pas de s'arranger avec le temps ;

– folie déclarée mais non reconnue comme telle, empêchant ainsi que l'on m'enferme pour que je cesse d'enquiquiner le monde.

Ce n'est pas pour me vanter, mais j'excelle à cet exercice d'autoflagellation. La colonne des débits déborde tandis que celle des crédits reste volontairement vide. Les comptes sont vite faits. Devant un tel tableau, si je ne me suicide pas, je ne peux que pleurer. Je dois pleurer. Mais la volonté et la raison ayant peu à voir dans l'affaire, je passe à la deuxième étape.

b) Mise à sac de la cuisine. Debout devant le réfrigérateur, dans un sursaut de diététique déplacé, je commence par un yaourt nature. À la deuxième bouchée, je rajoute du miel, alterne avec de la confiture, puis mélange les deux, gardant l'œil rivé sur les placards afin de trouver de quoi me bourrer. Priorité aux corn flakes, des vrais, avec éclats de cacahuètes trempés dans le miel et arrosés de lait entier. S'ensuit un peu de glace, que je mange accroupie devant le congélateur, avec quelques sablés au beurre et une demi-tablette de chocolat pour le magnésium.

Les va-et-vient du congélateur au sol au placard en

hauteur favorisent une gymnastique dont je n'ai pas conscience mais qui mérite d'être soulignée, au cas où je serais frappée par la vacuité de ce que je suis en train de faire.

c) Pause salle de bains pour vérifier que la boulimie se pèse directement sur la balance. L'aiguille ascendante me donne le dégoût de moi-même, pas assez pour arrêter en si bon chemin. Face au miroir, l'heure est venue de l'extraction vengeresse de comédons. Il faut que ça saigne !

Enfin, gavée, massacrée, le visage bouffi et marbré, je contemple les stigmates du carnage supposé ouvrir les vannes. Pas de chance, je suis prise d'une inextinguible envie de rire. Trop c'est trop, je devrais le savoir. La colère et l'exaspération kidnappent la tristesse. Point de larmes. À peine deux malheureuses gouttelettes en passe de sécher avant d'avoir atteint la pointe de mes cils. Ridicule et pitoyable.

La vraie détresse n'a jamais réussi à m'arracher des larmes. Ce serait un comble si son simulacre y parvenait.

Problème de robinet : en partant de l'hypothèse que les pleurs contenus à l'intérieur de moi ont arrosé l'angoisse jusqu'à la faire éclore, comment convaincre maintenant les mêmes pleurs de couler afin de noyer ce qu'ils ont fait pousser ?

Angoisse et libido

Depuis que j'ai imposé le silence à Gilles, c'est la foire aux angoisses, terribles et terrifiantes, ma façon d'éjecter le désespoir et le sentiment d'abandon.

À la fin d'une séance du jeudi midi, je me plains :

« Il faudrait que cela cesse, je n'en peux plus... et j'en ai marre de m'envoyer du Lexomil.

– Puisque vous ne vous envoyez plus Gilles ! »

La jolie dame aux yeux couleur de mer réprime un fou rire : « Excusez ce jeu de mots vulgaire, je ne suis pas lacanienne mais... »

Quelques jours plus tard, en voiture avec une amie, l'angoisse me ravage. La rupture n'en finit pas de me rompre et la succession des crises finit de me désespérer.

« Si ça continue, je vais me faire sauter le caisson.

– Tu ferais mieux de te faire sauter tout court », dit Samia en éclatant de rire.

Le fou rire est contagieux. La justesse du calembour excuse son manque de finesse. Jamais je n'emploie cette expression et, quand bien même l'envie d'en finir m'effleure, je parle de me trucider, de disparaître, de tirer ma révérence... Les mots m'échappent, exprimant ce que je n'oserais formuler.

Encore une séance du jeudi midi. Encore l'angoisse.

« C'est toujours pareil... Ça me prend, ça monte, ça monte, ça explose et, pfff, ça retombe, je suis vidée...

– Cela ne vous rappelle rien ? »

À la lueur gourmande de ses yeux, je me rappelle : le désir qui monte du bas-ventre, irradie tout le corps, jusqu'à la jouissance brûlante, foudroyante, qui me laisse échouée, apaisée...

Et si Freud avait raison lorsqu'il avançait l'hypothèse de l'angoisse comme « conversion directe de l'énergie sexuelle au niveau somatique » ? L'explication vaut aujourd'hui, dans la succession monotone des jours et des nuits privés d'étreinte. Mais, hier, il y avait Gilles, et l'angoisse se diluait dans le même plaisir qui la régénérait.

Les voies de ma libido sont impénétrables. Mais c'est encore un mauvais jeu de mots.

De l'influence des hormones sur le comportement des angoissés

Il n'y a tout de même pas que les angoisses dans la vie ! Pour penser à autre chose, je m'emploie à soigner un dérèglement hormonal. Les traitements successifs des généralistes et gynécologues ne réglant rien, je m'adresse enfin au spécialiste ès hormones, recommandé celui-là par une amie d'amie. À voir le visage cabossé de boutons et la mine de dépressive chronique de cette dernière lorsqu'elle louait les pouvoirs de l'endocrinologie, j'aurais dû hésiter. Mais...

Alors que je viens parler glandes et hormones, mon nouveau sauveur potentiel décrit vertiges, vapeurs, boulimie, tachycardie et, le joli mot que voilà, irritabilité. Nul besoin de chercher plus loin l'origine de mes tourments, elle se trouve à coup sûr dans une thyroïde trop zélée ou une hypophyse paresseuse. Comme toutes les femmes, je suis gouvernée par mes hormones, qui colorient mes humeurs et états d'âme. Lorsque ces pinceaux s'emmêlent, le gribouillage généralisé donne mal à la tête.

Pour la routine, le petit homme rondouillard vient me palper la thyroïde. « Aïe, il y a une boule, ce doit être une très grosse boule car d'ordinaire on ne la sent pas au toucher. »

Je me sens vide, livide, liquéfiée mais à peine surprise. Depuis le temps que je voyais le crabe me tourner autour.

Pas de panique, un nodule peut être bénin, le mien l'est sans aucun doute, mais mieux vaut s'en assurer.

Cette saleté me soulagerait presque. Enfin la preuve que je ne suis pas folle. Un démenti cinglant à tous les incompréhensifs murmurant dans mon dos que mon mal est imaginaire. Un permis d'angoisser, qui calme mes remords culpabilisés de psychico-spasmophilo-dingo. À peine...

« Pourquoi as-tu les boules ? Qu'est-ce qui ne passe pas ? » interrogent, perfides, les mêmes incompréhensifs, adeptes inconditonnels de la théorie terroriste du moment selon laquelle tout est dans la tête, chaque maladie étant « signifiante », révélatrice d'un dysfonctionnement psychique. De la verrue à l'hépatite, de l'infarctus à la sinusite, tout naît de l'inconscient. Poussant la démonstration à l'extrême limite du supportable, on en arrive à la conclusion sans appel que chacun de nous, masochiste qui s'ignore, décide de tout, jusqu'à la cause et l'heure de sa mort et l'agonie qui la précède. Il n'y aurait plus d'injustice, seulement des choix personnels que chacun, seul responsable de soi et de sa vie, n'aurait plus qu'à assumer, sans jamais se plaindre ni gémir.

Le systématisme m'ennuie, là il me révolte. Je commence à me lasser de la psychanalyse de bazar et des analyses douteuses. Le nodule est là. Et c'est comme ça.

Les examens prescrits donnent droit à une journée entière à l'hôpital. Je suis mesurée, pesée, couchée, piquée, perfusée, en attendant les échographies, ovaires et thyroïde, la totale, pour essayer de repérer la différence entre nodule inconnu et tumeur familiale à défaut d'être familière.

« Hum, se réjouit l'interne, il n'y a pas un nodule mais deux, regardez, le petit, là, oui, là où je mets le curseur. »

Deux pour le prix d'un, comme dans les publicités pour lessive. Non, je garde « mon » baril qui est déjà assez lourd.

« C'est plutôt mieux, cela réduit le risque de cancer. Avec un seul nodule, on y coupe rarement. »

Je n'ai pas mal. Je crois même que je n'ai pas peur. Je déteste ce bellâtre blond qui condamne sans savoir, infernal recommencement de l'histoire.

C'est l'heure du déjeuner dans la chambre muette et moche. Le plateau en Formica marron sur la table en Formica jaunâtre, coincée entre le mur beige et la fenêtre qui donne sur la cour grise, sous le ciel crasseux de novembre. Aujourd'hui vendredi, il y a du poisson à l'hôpital Saint-Machin. Je mâche et rumine de pleines cuillerées de souvenirs dont je ne suis pas fière. C'est donc cela la solitude, une porte fermée qui sépare les vivants des mourants. Combien de fois ai-je laissé papa ou maman ainsi, refermant la porte avec le sentiment de l'amour accompli quand je les laissais seuls face au mur, en tête à tête avec la mort, si atrocement seuls, sans recours, sans rien pour s'agripper que la tendresse limitée et impuissante. Rien.

Quelques examens encore pour patienter jusqu'au goûter. Quelques jours encore pour attendre le verdict échographique. Mauvaise nouvelle : il faut opérer, retirer, analyser. Bonne nouvelle : le nodule emportera avec lui tous mes maux, angoisse comprise.

La vie est merveilleuse. J'ai peur mais, pour la première fois depuis longtemps, la peur est normale, tout au moins légitime.

Magnanime et humble, le nodule ne joue pas les malins. Les médecins se félicitent de la justesse de leur diagnostic et les chirurgiens s'extasient de la finesse de leur cicatrice ; leur autosatisfaction conjuguée provoque l'hilarité de l'angoisse déchaînée.

Je n'ai plus aucune raison objective de pleurer.

Le cercle des angoissées

Ma petite sœur Béatrice m'appelle un soir au journal.

« Ça ne va pas. » La voix est hachée, essoufflée. Je m'inquiète. « Je ne sais pas ce qu'il m'arrive, je suis toute drôle, je ne peux plus respirer, j'ai l'impression que ma langue gonfle, je vais me trouver mal... »

Moi, j'ai l'impression que je pourrais parler à sa place.

« Ne te panique pas, ce n'est rien, un coup de pompe. » J'ai honte de l'impuissance de mes mots menteurs.

« Non, je me sens partir, j'ai peur, je te jure, j'ai peur...

– Appelle un médecin si cela peut te rassurer. De toute façon, je passe te voir. »

Indifférente aux jeux des enfants qui se chamaillent, elle est pâle, les yeux délavés et brûlants à la fois.

« Ça ne passe pas... Tu es sûre, je ne vais pas m'évanouir ? »

Je ne sais si elle est génétique ou héréditaire, mais l'angoisse a fondu sur Béatrice.

Bienvenue au club.

Au fil des mois, le nombre des adhérents ne fait qu'augmenter. En apparence et en société, rien ne nous distingue du commun des mortels mais, en privé et entre initiés, nous nous laissons aller à raconter nos voyages aux frontières du réel dont nous rapportons des diapos, frappées par la censure de la normalité.

Nous sommes des collectionneurs d'images monstrueuses, pareils à nos enfants fascinés par la laideur et la violence de certains pogs et agacés par l'incapacité des adultes à comprendre ce qui est, pour eux, une évidence dépourvue de mystère. Comme nos bambins à la récréation, nous consentons parfois à échanger nos images mais il en est que nous ne céderions pour rien au monde.

Aux réunions de groupe, difficiles à organiser du fait de notre impossibilité à sortir, nous préférons les interminables visites téléphonées durant lesquelles, soliloquant l'un après l'autre, nous frissonnons de nos angoisses réciproques. Entre nous, nous parlons sans peur du jugement ; nous nous comprenons à demi-symptômes et le rire que provoque parfois l'aveu n'est jamais raillerie. Nous nous épanchons, nous commentons nos progrès, nous minimisons nos rechutes, nous nous refilons des « trucs » et surtout des adresses de thérapeutes divers, comme autant d'indices d'un étrange jeu de piste qui doit nous mener à un trésor inconnu.

Le club est une chose merveilleuse pour se sentir moins seul et, au début de la « maladie », il réconforte et apaise mieux que toutes les médecines de la terre. Mais, à trop nous raconter, nous finissons par radoter, entretenant une obsession que nous déclarons vouloir combattre. À trop nous comprendre, nous finissons par nous lasser. Et l'exact reflet de nous-mêmes que nous recherchions désespérément nous donne à la longue des envies de rendre notre carte pour fuir les souvenirs d'anciens combattants.

Quand, l'habitude faisant croire à une accalmie, nous nous sentons renaître au monde, l'autre qui suffoque vient nous rappeler à notre devoir d'angoisse.

Évitement et affrontement

Certaines situations sont propres à déchaîner l'attaque de panique. L'attente est de celles-là. Autant dire que l'acte le plus banal, comme d'aller à la poste par exemple, relève de l'exploit. Entendons-nous bien : je ne nourris aucun ressentiment particulier vis-à-vis des postiers en général, et ceux qui œuvrent aux guichets en particulier, mais je me demanderai toujours pourquoi et comment le fait de peser une lettre et de vendre trois timbres demande un pareil investissement de temps. Reste qu'il est des moments dans la vie où l'on ne peut faire l'économie d'un timbre.

À la poste comme dans le métro, il y a des heures de pointe : tôt le matin, à l'heure du déjeuner et en fin de journée. Hélas, les heures dites creuses ne le sont jamais tout à fait. Mais lorsque le recommandé attend depuis trois jours, il faut y aller.

Après un rapide comptage de chaque file d'attente, je me dirige vers la plus courte, calcul hasardeux car la durée de l'attente dépend moins du nombre de clients que de la nature des opérations. Enfin en place, commence le grand jeu conjuratoire : rapides battements de pieds, regards frénétiques à ma montre, tripatouillage nerveux d'une mèche de cheveux... Sans effet aucun. D'où sentiment d'échec et d'impuissance, vapeurs, raidissement des mâchoires. L'explosion se fait palpable. Je soupire, chantonne, sifflote, marmonne, tente de lier la conversation. Peu de mes semblables affichent un air heureux, mais ils sont aussi peu disposés à se laisser distraire de leurs ruminations. Respiration. Coup d'œil hargneux et envieux aux autres files qui avancent quand je stagne, hésitation, puis changement de cap. Au même moment, « ma » file s'ébranle. Regrets et velléités de retour à la case départ. Mais d'autres condamnés à l'attente sont venus grossir les rangs, menaçant de me huer ou de doubler mon calvaire.

Avec une application dont je commence à douter qu'elle soit tout à fait sincère, je tente de me raisonner. « Calme, tout doux, rien ne presse, tu as toute la vie devant toi... »

L'argument ne tient pas. Quand bien même j'aurais toute la vie devant moi, ce qui resterait à me prouver puisque c'est là justement que se joue mon angoisse, je n'entends pas la passer dans un bureau de poste.

Le même manège se reproduit aux caisses de supermarché, au cinéma et dans le bus où chaque arrêt (feu rouge, stop, embouteillage) me transforme en agonisante épileptique mais immobile et silencieuse.

J'apprends donc à ruser. Je ne prends plus le bus que les petits matins d'août et si je n'ai vraiment pas trouvé de taxi. Au cinéma, j'opte pour les séances de midi ou celles du dimanche à 14 heures quand la France branchée brunche tandis que la France classique sacrifie au repas de famille dominical. Parfois je me lance à 18 ou 20 heures, mais cela exige une certaine gymnastique. Repérer l'heure du début du film et non pas celle de la séance, afin d'échapper à la cérémonie de piétinement généralisé sur le trottoir. Ou fixer rendez-vous à quelqu'un que je ferai attendre sans vergogne à ma place, et arriver essoufflée en invoquant un imprévu auquel personne ne croit.

Avec le supermarché, les choses se compliquent. J'ai bien songé à recourir au Minitel, mais la gourmande que je suis répugne à acheter sans voir ni toucher. Et la réalité est là : une inspection du réfrigérateur conduirait les services de la Ddass à me retirer Romain avant qu'il ne s'anémie...

À la longue, mes petits manèges, proches de la grosse mascarade, finissent par m'énerver. Mais plus je prends conscience du ridicule et de la vanité de mon impatience, plus cette lucidité nouvelle attise l'angoisse ou amplifie ses prémices. Je prends du recul mais je n'ai pas encore trouvé la bonne distance. Le spectacle de moi-même me désole. L'angoisse se double de dégoût, voire de mépris de soi.

Dans un sursaut, j'entreprends de lutter contre ce qui devient une mauvaise habitude et que je considère – à juste titre ? – comme des enfantillages, des caprices, autant de comportements relevant d'une immaturité à la limite de l'anormal. Je me force donc, me souvenant d'un principe cher à mon père : on peut renoncer à quelque chose qui ne plaît pas, à condition que l'abandon ne soit pas la conséquence d'un échec mais un choix librement consenti. Après plusieurs mois d'arrêt complet d'activités dites à risque, je m'applique à me conduire « comme une grande » et, pour ce faire, à me remettre dans la vie, la vraie vie, avec tout ce qu'elle comporte de corvées. Vaste et noble tâche ! Mais Dieu que j'en bave ! Ce que la plupart des gens accomplissent sans même y penser devient expédition punitive. À moi toute seule, je suis un commando suicide.

Sans le savoir, je m'adonne ainsi à la thérapie comportementale, chouchoute des petits manuels de savoir-survivre que j'avais dévorés jusqu'à l'écœurement. À l'évitement systématique, elle préfère l'affrontement progressif, lequel demande un minimum de préparation. On commence par analyser, à froid, le mécanisme de la crise, ce qui normalement permet de se convaincre qu'elle n'a pas lieu d'être. Par la suite, on se lance, avec quelques précautions. À la première sortie, on se contente du minimum et, comme cela se passe bien, la fois suivante, on va un peu plus loin, plus longtemps, etc. Le principe consiste donc à remplacer l'impression de mort imminente et d'impuissance par un sentiment de bien-être et de confiance en soi. On suppose le bien-être assez puissant et voluptueux pour exterminer les visions de cauchemar.

Dans les livres, la théorie est toujours illustrée par des cas bien précis : ceux de Mme F., trente-deux ans, ou de M. J., quarante et un ans, qui, grâce à la thérapie comportementale, et avec le soutien attentif de l'auteur, ont vaincu, elle sa phobie du métro, lui sa terreur des grands magasins.

Dans la réalité, cela marche beaucoup moins bien.

Pourtant je m'applique.

En ce qui concerne ma virée au supermarché, je me fixe des règles de base : jamais le samedi, jamais à un retour de vacances, attendre le moment où je me sens capable (le plus souvent tôt le matin, quand l'aurore embrume encore l'horreur), y aller seule... pour être libre de fuir sans besoin de me justifier dès que le malaise m'affublera de sa panoplie de troubles divers. J'ai assez honte vis-à-vis de moi-même sans rajouter la honte du regard de l'autre.

À la première tentative *in situ*, je dois donc aller jusqu'à l'entrée du supermarché, ce qui peut apparaître comme totalement absurde et insuffisant pour remplir les placards, mais constitue néanmoins un début encourageant et prometteur. Dans un second temps, j'entrerai dans la grande surface, me cantonnant à un seul rayon, frais ou conserves, au choix. Et ainsi de suite, jusqu'à ce que je me sente assez vaillante pour passer une journée entière à virevolter de tête de gondole en tête de gondole... Le jour où j'éprouverai du plaisir à me livrer à cette activité, je serai considérée comme guérie et pourrai me gaver jusqu'à l'indigestion pendant plusieurs semaines.

Hélas, la progression n'est jamais linéaire !

Il m'arrive parfois d'atteindre le supermarché vivante, mais dans quel état ! Concentrée sur ma respiration, obnubilée par mon rythme cardiaque, hantée par des visions d'apocalypse, crispée sur ma boîte d'anxiolytiques qui me joue la sérénade... Si l'on peut parler de victoire, son manque d'éclat et de panache fait glousser l'angoisse.

Il y a des jours où je remplis le Caddie, d'autres où je pars en courant avec un malheureux litre de lait... Des jours où c'est un peu moins pire, d'autres où ça l'est beaucoup plus. Mais avec l'angoisse, la seule certitude qui me reste est que le vrai pire est toujours à venir.

Au fil des semaines, des mois et des années, je me suis lassée de cet héroïsme inutile et je préfère prétendre à d'autres titres de gloire. Je sais que je peux aller au supermarché, et je suppose que c'est très bien. Mais parfois je n'en ai pas envie et je n'y vais pas. C'est comme ça, il y certaines choses que je n'aime pas et je n'en éprouve plus de honte. Je n'aime pas le shopping, je n'aime pas la foule, je déteste les grands magasins et leurs néons aveuglants qui me font voir tout bleu, je n'aime pas les marchés où, entre deux pots d'échappement et trois klaxons, les Parisiens s'offrent l'illusion du retour à la nature en se donnant des coups de panier d'osier ou de Caddie à roulettes. Je n'aime pas prendre trois heures pour humer un melon, m'extasier sur l'apparence sanguinolente du gîte ou de la basse-côte... En revanche, j'adore m'arrêter au hasard, quand une envie soudaine de choucroute me dicte le menu du dîner.

Je n'aime pas les contraintes et ne m'y plie qu'avec réticence. Cela n'a rien à voir avec le sens du devoir.

Je suis imparfaite, et condamnée, comme tout le monde, à composer avec ce que je suis.

Je progresse.

La dernière séance

Combien y a-t-il de jeudis midi en trois ans ? Pour moi, il n'y en avait jamais trop ; pour la dame aux yeux bleus, cela a fini par être assez. Nous pouvions espacer les séances, puis profiter des vacances pour transformer la pause en arrêt définitif.

Pour protester contre cet abandon inadmissible, je me suis mise à angoisser de nouveau, comme à ma grande époque. En septembre, après l'avoir harcelée au téléphone pour obtenir un rendez-vous en urgence, j'arrive en larmes, afin d'être plus crédible et de me faire plaindre.

Avec sa politesse naturelle, elle m'écoute rabâcher et geindre que je suis malheureuse, seule, condamnée au rejet et à l'incompréhension et que n'y arriverai jamais. Un peu lasse sans doute, elle ne m'interrompt pas, mais lorsque je sèche dans l'énumération de mes misères trop bien apprises, contre toute attente, c'est elle qui parle, sans faire de phrases ni me contredire.

En résumé : je n'y arriverai jamais en effet, tant

que je m'obstine à attendre quelque chose, et surtout quelqu'un à qui m'accrocher. À trop embellir une vie possible avec des « si » conditionnels et inutiles (si j'avais un amant, si papa et maman n'étaient pas morts, si Gilles ne m'avait pas trahie...), je m'offre de faux rêves et de vrais regrets, des excuses confortables et des reproches faciles, pour me dispenser de vivre par moi-même.

Je suis furieuse de ce speech moralisateur. Et mes angoisses alors ?

Elle ne veut rien entendre. Elles sont une façon de fonctionner, un mode de réaction comme un autre, je sais ce qui les déclenche, pourquoi je les mets en place et à quoi elles servent, c'est désormais à moi de m'en débrouiller. L'analyse n'a aucun sens si elle ne débouche pas sur l'action et il me faut accepter la prise de conscience comme une prise de responsabilité. En ce qui la concerne, elle estime que le travail est terminé ; mais je reste libre d'aller m'enchaîner ailleurs...

Je la quitte en la maudissant : l'indépendance tant désirée m'encombre soudain de moi-même. Je pars sans lui dire au revoir et encore moins merci. Je sais remercier pour les coups qui m'assomment, pas pour les cadeaux qui font croire à la douceur des choses. C'est si difficile de rompre avec l'habitude familière et mélancolique, pour s'abandonner au désir balbutiant d'un avenir qui m'appartient enfin.

Obsession

Les crises s'estompent, mais la mémoire infestée n'en finit pas de ressasser ses souvenirs de combat. L'idée de l'angoisse l'occupe à plein temps. Le corps n'est pas soumis au séisme, les neurones n'implosent pas, mais la tête se rejoue indéfiniment la scène du grand cataclysme. « Peur d'avoir peur », disent les manuels de savoir-guérir.

Comment tuer la mémoire qui s'accroche ?

Un soir, sur l'esplanade des Invalides. Le dôme se détache sur un ciel bleu astiqué par la pluie, sans une ombre, sans aucune image en surimpression, juste le bleu dont l'uniformité m'étonne. Comme s'il manquait quelque chose pour achever le tableau.

Inventer n'importe quoi, vite, pour rompre la monotonie inquiétante de l'étendue bleue. À quoi peut-on penser quand on n'imagine pas la catastrophe permanente ? Je ne sais pas, je ne sais plus, il y a trop longtemps qu'elle et moi... Sentant mes hésitations, elle s'engouffre aussitôt pour reprendre sa place.

Le désordre, comme le signe que tout est en ordre.

Je me shoote à l'angoisse pour me convaincre que je suis en vie.

Le grand sommeil

Dans un simulacre de débat que la télévision ne se lasse pas de mettre en scène, une voix émerge du brouhaha, calme et posée, comme assourdie par la barbe autour de la bouche. Doux, le regard. L'homme ne gesticule ni ne pérore, s'exprime sans véhémence ni arrogance. Psychiatre de son état, le monsieur pratique l'hypnose. Autour de lui, des témoins racontent. Comment l'une a arrêté de fumer sans manque ; l'autre, boulimique et proche de l'obésité, a perdu dix kilos sans privation draconienne ; un troisième a guéri sa peur panique de l'avion... Chacun(e) en une dizaine de séances. C'est l'hymne à l'hypnose qui hypnotise, à croire qu'un illusionniste nous manipule à travers les caméras.

Il y a quelques années, mon frère, alors grand adolescent, s'était découvert des dons pour l'hypnose. Cela nous a valu de mémorables séances durant lesquelles il plongeait les amis de passage, curieux et sceptiques, dans un état d'abandon frôlant la soumission à son bon vouloir. Nous étions alors plus proches du spectacle de music-hall que des expériences de Charcot, mais il restait la magie que je préférais à la rigueur démonstrative. Auréolé de ses drôles de pouvoir, mon frère intriguait, feignait la modestie tout en s'appliquant à cultiver le mystère, et, par respect d'une déontologie très personnelle, refusait de se livrer à ses étranges pratiques sur un membre de la famille. Fascinée mais méfiante, je me contentais du rôle de spectatrice, avec un arrière-goût de regret.

L'homme de la télévision vient me faire signe d'entrer en scène à mon tour. J'ignore son clin d'œil, le temps de quelques semaines d'âpres discussions entre moi et moi, puis, avec une obstination frisant l'obsession, je mets tout en œuvre pour retrouver ce metteur en scène du grand sommeil dont je ne sais rien, pas même le nom.

Le délai pour obtenir un rendez-vous laisse supposer que je ne suis pas seule à avoir succombé. Enfin, dans la salle d'attente, des adeptes heureux vantent les louanges du mage tandis que d'autres sortent du cabinet, les yeux et le nez rouges. Apparemment, le grand sommeil n'empêche pas le cauchemar.

L'homme est aussi doux que dans mon souvenir et

répète les mêmes mots qui m'avaient convaincue et semblent soudain plus approximatifs. Avec patience, il explique les souvenirs anciens, enfoncés dans la mémoire si profondément que la conscience a cessé de se les rappeler. Il évoque Hypnos et Thanatos, les jumeaux terribles, qui se ressemblent tant que je les confonds. Je ne veux pas m'endormir, je me suis trompée, je vais peut-être rentrer.

Je m'allonge sur le divan (combien de divans ai-je ainsi essayés ?) et il s'assied à côté de moi, à portée de main, brandissant sous mon nez un petit carton couvert de cercles concentriques et réguliers se rapprochant pour se fondre en un point noir. Je lui trouvais des airs de Philip Mortimer, l'impassible compère du capitaine Blake, et voilà qu'il se métamorphose en docteur Septimus, diabolique mégalomane prêt à plier le monde à ses exigences démentes. Je ne suis pas là pour plaisanter. Chassons l'image, fixons les cercles, louchons un peu... Les paupières se ferment quand la lumière s'éteint. Surgit un bruit d'eau, source ou rivière qui ricoche sur des cailloux. La voix me guide le long des berges jusqu'à un pays que je ne connais pas. Au bout du voyage, un chemin. Au fond du chemin, une maison. En haut de la maison, une pièce close dont je possède la clé. Il me faut l'ouvrir et verrouiller derrière moi, afin de rester seule dans la pièce claire, vaste bibliothèque à l'ancienne, avec ses rayonnages de volumes reliés que l'on atteint grâce à une échelle de bois coulissant sur des tringles. Toute cette littérature retrace, paraît-il, l'histoire de ma vie et à la contempler ainsi, gravée sur du papier, je suis saisie par la nausée, le vertige et la peur qui me donnent l'envie de fuir. J'éclate en sanglots, sans plus pouvoir m'arrêter, tandis que Septimus prétend que je n'ai rien à craindre, ici je suis à l'abri, ni rien ni personne ne peut me faire mal.

La source qui se tarit sonne la fin de la séance. J'émerge, triste et honteuse de ma visible tristesse, vaguement déçue de ne pas avoir plongé, et lui à mon chevet, plein de sollicitude et de curiosité, m'encourage à raconter mes impressions de voyage. Et qu'est-ce qui provoque les larmes ? Et pourquoi, sur quoi je m'acharne à garder le contrôle ? Et quelle part de moi appelle à la délivrance quand l'autre la lui refuse ? Il m'agace avec ses questions alors que j'étais venue chercher des réponses. Peut-il seulement quelque chose pour moi ? Oui, peu à peu je vais baisser la garde, m'abandonner, ce ne sera pas long... Le contraire m'eût étonnée.

Les séances se suivent, avec les cercles qui font loucher, l'obscurité, le parfum de fleurs, le bruit de l'eau et le son de la voix.

Un jour, comme on change les draps, l'hypnotiseur change l'eau. Ce n'est plus la rivière légère, mais la mer immense, avec des vagues qui gonflent, enflent et se fracassent dans un vacarme assourdissant. Je respire l'air du large, à pleins poumons, pour me soûler de la puissance des flots et crier aussi fort qu'eux.

Maman est à côté de moi et je lui dis d'ouvrir les bras, pour se laisser inonder, griser, enivrer, mais elle ne me regarde même pas, elle est là, immobile et lointaine, tout à côté de moi, déchirée entre le bonheur que m'offre la mer et l'indifférence que m'oppose ma mère. Bloquée, coincée, écartelée, niée, ignorée, j'ai peur et je pleure encore. Soudain, à travers l'explosion des vagues retentit la sirène d'un bateau. Sauvée ! Je peux partir et laisser ma mère qui n'a pas voulu crier et respirer, ma mère trop douce pour défier les vagues afin de s'y fondre, ma mère figée pour la postérité, ma mère enterrée, ensevelie, décomposée, en cendres. Ma mère morte et moi vivante. La vie n'est plus abandon, ni trahison. Je ris, je ris, je ris, je n'en finis plus de rire. Fin de la séance.

Sur le scooter, je ris encore.

Allégresse.

Qu'ils sont jolis mes voyages accompagnés ! Variés et surprenants aussi. L'eau me charrie en des lieux où je n'oserais m'aventurer seule. Une fois, je glisse au fond d'un puits avec volupté ; une autre fois, dans un château, je dis au revoir à tous ceux que j'ai connus et aimés ; une autre fois encore, assise en haut d'un arbre, je me dispute avec papa qui m'ordonne de descendre... Cherchez le symbole.

Le psychiatre refuse l'interprétation hâtive et grossière et se garde de commenter d'évidentes régressions, spécialités de la maison. L'important n'est pas dans la parole mais dans l'émergence de « l'oublié » qui amènera l'apaisement définitif de mes tempêtes.

Entre deux baignades, je continue de surfer sur les angoisses ragaillardies par l'air marin tandis que l'espoir et la confiance commencent à tirer la langue.

Entêtée, je lutte contre les courants contraires, dépasse allégrement les dix séances et flirte bientôt avec la vingtaine, sans plus savoir ce que j'attends : la délivrance ou la satisfaction d'entendre le G.O. de l'inconscient reconnaître la piètre qualité de sa prestation. Mais il persiste, reportant le jour du miracle. Moi, je finis par lever l'ancre pour partir en vacances.

Échouée sur une plage, allongée à plat ventre, la tête dans le sable, les pieds dans l'eau, j'écoute le bruit de la mer qui m'hypnotise. Je sais désormais que toute plage est un divan qui s'ignore : je n'ai pas perdu mon temps.

Courage, fuyons !

C'est la rentrée en plein été. Quand tout le monde part en vacances, je commence un nouveau job. Papa est mort il y a cinq mois, maman il y a un mois. Travailler pour oublier, tenir la tristesse à distance et vivre. Si le mot signifie encore quelque chose à cette pas drôle d'époque, je suis heureuse. Contente conviendrait peut-être mieux. Et assez fière d'avoir réussi à décrocher ce poste de journaliste chargée d'une rubrique culturelle quand mon expérience balbutiante aurait rebuté plus d'un rédacteur en chef. Cette rédactrice-là possédait un certain goût du risque et la très rare audace d'engager de nouvelles plumes. Mais elle s'ignorait saint-bernard, me sauvant du néant par la grâce d'un contrat.

La capacité d'enthousiasme faisant relâche, je pars ce matin d'août avec des pieds de plomb. Le rire, la joie, l'entrain qui m'avaient longtemps été instinctifs demandent aujourd'hui de longs efforts de raisonnement. Tout me blesse et ravive la douleur. Dans le métro, je regarde les gens en essayant d'imaginer leur histoire, de détecter les tristesses maquillées sous la façade hâlée de l'été. Soudain, j'entends une voix impérative : « Sauve-toi ! » Je m'agite sur mon siège pour la faire taire. Insensible à mes contorsions, elle s'enhardit ; le chuchotis devient hurlement répétitif et déraisonnable. Comme piquée par un sale insecte vicieux, je me lève d'un bond et m'agrippe à la poignée de la porte. Tout mon être m'ordonne d'écouter la voix et, à chaque station, je descends sur le quai, remontant aussitôt que retentit la sonnerie de fermeture des portes. Partir, courir, fuir... Qui ? Quoi ? Pour aller où ?

J'arrive au journal à l'heure. La voix s'est tue.

Le souvenir émerge des vagues au retour d'un voyage hypnotique et j'évoque la sirène du bateau et le bonheur qu'elle éveille en moi. C'est comme la cloche qui sonne l'heure de la sortie à l'école. La permission de se lever, s'étirer, respirer, jouer, partir, changer d'air.

« Vous aimez partir ? »

À la moindre sortie, j'ai peur de me perdre en chemin, et de ne plus me retrouver à l'arrivée. Pourtant, je ne rêve que de départ, promesse illusoire d'une seconde naissance ; neuve, recommencer, avant c'était un brouillon, maintenant, c'est promis, je vais m'appliquer. Je ne connais pas l'angoisse de la page blanche. Ce qui me panique ce sont les ratures, le trop-plein, tout ce qui encombre, raye et enlaidit.

La sirène du bateau me fait croire que je suis capable de partir et me délivrer. Au plein cœur de ces crises qui me désagrègent, je ne pense à rien d'autre. Je peux m'en aller, rien ne m'oblige à rester là où je suis, à souffrir sans rien dire. M'échapper et courir, peu importe de savoir où me mènera la course, au moins le cœur aura-t-il une raison valable d'accélérer. Courir et m'enfuir loin, très loin, toujours plus loin de moi-même que je ne supporte pas.

Une piste parmi d'autres. Une explication qui dure ce que durent les explications...

Pourquoi c'est pas de la limonade ? Parce que, parce que, parce que...

Angoisse fonctionnelle

Axiome de base : « L'angoisse gâche la vie. » Elle empêche, elle isole, elle exclut. Elle fait mal. Avec le temps, elle a le gâchis plus sélectif. Pourquoi puis-je la dominer lorsque je vais dîner chez des amis ? Et pourquoi me ravage-t-elle quand se profile une corvée professionnelle ou familiale ? Je l'appelle à la rescousse et elle accourt. Je m'y glisse, m'y love et m'en repais. Elle me dérobe et me dispense.

Angoisse pratique et confortable, comme un vieux vêtement déformé et passé que je me refuse à jeter parce que je m'y sens bien. À mon corps défendant.

Boules et billes

Chassez le naturel, il revient au galop. Essayez de vous sortir de vos miasmes, la vie se charge de vous replonger le nez dedans.

Période d'accalmie. Quelques jours près de Saint-Malo, avec la mer assortie au ciel et des enfants qui courent partout en s'éclaboussant. Les mères ont des envies de thalasso. Qu'à cela ne tienne, elles peuvent s'offrir un petit parcours aquatique en barbotant de jets en jets. Les mamans gamines rient encore plus que leurs jolis bambins, et moi, avec mon sens de la mesure coutumier, je reste plantée comme une algue contre un jet qui me laboure le bas du dos. Puisqu'il n'y a pas de mal à se faire du bien, je me délecte de ce massage vigoureux. Tellement vigoureux que le lendemain matin, je me retrouve coincée, un pincement au creux des reins qui irradie les jambes en chatouillant le nerf sciatique. Divine sensation.

Je tiens trois jours, courbée comme une petite vieille à la recherche de son dentier, et me décide enfin à aller voir un kiné afin qu'il me débloque les vertèbres qui se chevauchent.

« Oh là là, ce dos ! » dit-il d'un ton horrifié.

Aussitôt, l'alarme se déclenche :

« Qu'est-ce qu'il a mon dos ?

– Oh là là ! » Visiblement décomposé par ce qu'il est en train de découvrir sans rien toucher, le kiné n'arrive pas à m'en dire plus. Puis il lâche, effondré : « Vous êtes nouée de partout. »

Soupir de soulagement :

« C'est justement pourquoi je suis là. Vous savez ce que c'est : on se bloque d'un côté, et puis on a mal, alors on se contracte, on se tient de travers, résultat, on a des nœuds partout... »

Silence. L'homme entre enfin en action, laissant échapper quelques soupirs de désolation. Pour qui se prend-il ? Je ne passe pas ma vie examiner ma colonne vertébrale mais, jusqu'à présent, je n'ai pas eu lieu de m'en plaindre. Elle me porte, je ne suis ni bossue ni tordue, en tout cas pas visiblement ; dans ma situation, il y a tout lieu de s'extasier.

Il manipule, titille et soudain, la question fatidique :

« Vous n'êtes pas sujette à des malaises ? »

Le mot me fait tressaillir mais je crâne :

« Qu'est-ce que vous appelez des malaises ?

– Des espèces de vertige, de la tachycardie, avec sensations désagréables de partir, vous perdre...

– Euh... euh... C'est-à-dire que... euh, enfin... non... oui... Mais pourquoi me demandez-vous cela ?

– Vous avez un dos de spasmophile. »

Si je n'étais déjà allongée, je crois que je tomberais raide. Sur quel crétin patenté suis-je encore tombée ? Je ne lui permets pas ! J'essaie d'oublier, de m'en sortir et voilà qu'il me replonge en plein cauchemar.

« Je connais bien, j'en souffre moi aussi, ce qui est plutôt rare car le mal est largement réservé aux femmes. »

S'il connaît le diable, voilà qui change tout. Il n'en faut pas plus pour m'amadouer :

« Vous voulez dire que c'est physique ?

– Oui, une dégénérescence du système neurovégétatif... On naît et on est comme cela...

– Alors, il n'y a rien à faire ?

– On peut traiter le terrain, rééquilibrer les choses... Vous faites ce que vous voulez mais, à deux pas d'ici, il y a un homéopathe qui soigne en profondeur, vraiment un toubib exceptionnel...

– Il a réussi à vous guérir ?

– Une merveille, et pourtant j'avais tout essayé avant lui.

– Alors ce n'est que physique, la tête n'a rien à voir là-dedans ?

– Rien du tout.

– Et vous ne ressentez plus jamais de... malaises ?

– Quand je travaille, jamais.

– Et le reste du temps ?

– Cela m'arrive encore, mais j'ai appris à gérer. »
Puisqu'il me dit que c'est purement physique !

Je le quitte, décoincée et désemparée. L'appel de l'homéopathie résonne à mes oreilles sensibles, alléchante perspective d'une expérience nouvelle, avec nouvelles certitudes, nouveaux doutes, nouveaux espoirs, et nouvelles désillusions. Je résiste quelques jours puis, n'y tenant plus et me souvenant vaguement du nom du magicien, j'appelle les renseignements.

Dois-je considérer cela comme un progrès ? Je fais durer le plaisir, tente de ne pas succomber à mon péché de gourmandise médicale, envoie ma sœur comme cobaye. Elle en revient métamorphosée. Je souris, goguenarde, que c'est dans la tête, il suffit d'y croire. Or moi, je n'y crois pas. Pour avoir essayé les *ignatia, chamomilla* et autres *gelsemium,* en 7, 9 et 15 CH, bref, tout ce que l'homéopathie propose en matière de calmants, je suis en droit d'émettre quelques réserves quant à l'efficacité des doses infinitésimales pour soigner l'angoisse maximale.

Pourtant, je prends rendez-vous. Si je suis allée dans ce cabinet de kinésithérapie-là, si je me suis fait manipuler par ce spasmo-kiné-là, s'il m'a parlé de cet homéo-là, c'est que je dois y aller. Je ne peux ignorer le signe que m'envoie le destin et passer à côté du miracle. Pour combattre le mirage, je m'apostrophe et m'engueule intérieurement, mais la querelle est inutile : si je n'y vais pas, le destin me punira en dopant l'angoisse.

Le jongleur de la bille blanche a la bonne idée de ressembler à François Weyergans, ce qui me le rend immédiatement sympathique. L'humour est moins corrosif et la gentillesse transparaît derrière les lunettes, tout va bien mais je n'ai pas grand-chose à dire. Je regrette de n'avoir pas pensé à enregistrer ma biographie afin de ressortir ma cassette à chaque visite. Cet homme veut tout savoir. Pas seulement mes petites et grandes maladies, mais surtout qui je suis, comment je vis, ce que j'aime ou déteste, si je suis morose ou enthousiaste, inhibée ou expansive.

À partir de mes quelques indications lâchées à contrecœur, il finit par dresser lui-même mon portrait et pose des questions qui sont autant d'affirmations. Je n'ai plus qu'à acquiescer afin de lui permettre de dresser mon « type sensible », portrait-robot grâce auquel il pourra prescrire ce qui me convient, chaque type ayant son remède. Ce qui est formidable, c'est son acharnement à vouloir à tout prix me faire rentrer dans une case. Rien ne doit dépasser.

« Et vous aimez beaucoup les animaux », avance-t-il, sûr de lui.

Bôôôf, on ne peut pas parler d'amour à proprement parler. Je n'ose aller jusqu'à reconnaître une parfaite indifférence pour la gent animale en général et une aversion déclarée pour les chats en particulier, mais franchement je ne risque pas de m'engager au côté de Brigitte Bardot pour mener une croisade anti-massacre de tourterelles.

« Mais les animaux doivent vous aimer... », continue-t-il en prenant des notes.

J'ai soudain l'impression de me retrouver dans un sketch de divination bidon. Je réfléchis :

« Il est vrai que les chats, justement, ont une fâcheuse tendance à venir se frotter à moi quand ils n'ont pas l'impudence de se lover sur mes genoux, ce qui me met très mal à l'aise.

– C'est parce qu'ils sentent que vous êtes gentille, que vous ne leur ferez jamais de mal. »

Là, je ne peux qu'approuver. Je ne suis pas sûre de l'immense gentillesse qu'il me prête, mais je n'ai jamais éprouvé de vils instincts exterminateurs face aux animaux. Non, qu'ils vivent et broutent en paix, et qu'ils me laissent vivre et douter en paix, et nous pouvons fort bien cohabiter, eux bien tranquilles dans un enclos ou une cage et moi en parfaite liberté. Si Romain était là, il raconterait à sa manière les discussions auxquelles je coupe court lorsqu'il lui vient l'envie de réclamer un chien. Je ne veux pas sortir un chien matin et soir, je ne veux pas nourrir un hamster, je ne veux pas que l'appartement sente la litière mal nettoyée... Si d'aventure nous vivions à la campagne, je ne dis pas, mais force est de reconnaître que je ne prends pas de risque puisque, pour l'instant, il n'est pas question de quitter Paris ; et je n'apporterai pas ma contibution aux concours de glissades sauvages organisés par des maîtres aussi mal élevés que distraits.

C'est assez pour mon Weyergans de l'homéopathie qui décide que, comme il le pense, j'aime les animaux. Ce dernier point, capital, lui permet de conclure que je suis *carsinosinum.* Moi qui pensais me connaître !

Et *carcinosinum,* au fait, qu'est-ce que cela signifie pour le commun des mortels dont je suis ? Hypersensible, hyperémotive, hypergentille, avec une tendance prononcée à cacher ses émotions, à les refouler... Résultat : manifestations cutanées, angines à répétition et, si je n'y prends garde, le pire m'attend.

Rien de révolutionnaire, mais c'est dit avec tellement de conviction, de gentillesse et de prévenance que je ne peux résister. Je vais donc avoir droit à deux doses dudit *carcinosinum.* La première à prendre sur-le-champ, toute affaire cessante : en sortant de chez lui, je n'ai qu'à me ruer à la pharmacie en face et à avaler la dose. Non, surtout pas, un tiers de la dose seulement. Je me coucherai en savourant le second tiers et dégusterai le troisième en guise de petit déjeuner. Après, je vois, j'observe... Si, comme il le pressent, je représente bien le *carcinosinum* type, je vais me sentir formidablement bien.

Et la seconde dose alors ? Si, après la première, je

n'observe aucun effet ou si, au contraire, il y a résurgence et augmentation de mes sacro-saints symptômes, je m'avale la seconde dose une semaine plus tard. Sinon, j'attends trois semaines... Déjà, je panique : recommencer à angoisser comme une bête quand, par la force de l'habitude, je commençais à m'accommoder de moi-même ? Je frémis, mais il élude cette probabilité aussi infinitésimale que ses doses, et renchérit : si je m'offre le luxe d'une petite poussée d'herpès avec une bonne angine (deux de mes maux les plus fréquents qui sont, l'un comme l'autre, signe de colère ou de tristesse non exprimée comme il se doit), nous aurons gagné !

Deux heures après mon premier tiers homéopathique, je guette ma fesse et mes amygdales avec une attention jalouse. Vivement que cela démange, que je ne puisse rien avaler, la gorge couverte de points blancs comme les petites billes de ses doses miracles ! Jamais auparavant je n'ai tant souhaité une maladie, aussi bénigne soit-elle. Désormais, je l'attends, l'espère, l'appelle de mes vœux, la supplie de se manifester dans les plus brefs délais. Venez à moi, pustules et streptocoques, puisque de vous dépend la guérison de mon âme inquiète.

Las ! Les infections restent sourdes à mes prières répétées, et la fesse demeure lisse quand la gorge est bien rose. Moi, la reine du 39,5° C, la dévoreuse d'antibiotiques, la virtuose de la gratte, je ne suis pas malade. Et donc pas guérie.

Ce doit être la faute aux animaux.

Les jours comme ça

Le poète a toujours raison. Il y a des jours qui s'obstinent à ne pas être le jour. Je les repère dès le réveil. Quelque chose d'imperceptible, une image moche qui vient me dire bonjour, comme un chien un peu collant me lécherait les pieds pour réclamer sa sortie matinale. Je la chasse d'un coup de pied imaginaire, mais elle revient, s'entête, aujourd'hui c'est sa fête, elle ne veut pas se faire oublier. Et revient encore, comme un jeu, insiste, s'enhardit, saute jusqu'à mes genoux, craquera bien qui craquera le premier.

Ces jours-là, je sais, je sens que je vais perdre. Je déroule mentalement le programme de la journée, à la recherche d'un rendez-vous qui me mette en joie, provoque assez d'envie pour calmer les ardeurs de la bébête déchaînée. Rien ne m'accroche. Alors, retour arrière, je rembobine la bande, laisse défiler celle de la veille, cherchant à y repérer ce qui a pu engendrer cette humeur chagrine et craintive, chagrine de se reconnaître craintive. Mais le regard, brouillé comme l'esprit, ne voit que des choses assez effrayantes de laideur.

Quand le jour n'est pas le jour, tout me fait mal, tout me déchire, tout me fiche en l'air. Moral en berne tandis que l'angoisse hisse le pavillon de la victoire. Je sens déjà les secousses, je vois les heures interminables, les pensées qui n'en sont pas et me collent et me cassent.

Ces jours-là, sans colère, j'ai l'impression d'être hors de moi, éparpillée, disséminée, et je cherche à me rassembler, me ressembler, courant après moi-même qui me dérobe et fuis quand je voudrais m'habiter.

« Hors de vous, en vous, c'est peut-être une piste », dira plus tard F.

Une piste ! J'en ai tellement marre des pistes qui ne mènent à rien, s'enroulent sur elles-mêmes jusqu'à dessiner un labyrinthe, circuit en vase clos qui tourne et m'enferme, me renvoie à l'angoisse à laquelle je continue de me confondre. Jusqu'au jour où je comprendrai qu'il y a des jours gais et des jours tristes. Des jours comme ça. Parce que la vie est comme ça.

En attendant l'exorciste

Je n'arrive même plus à compter le nombre de thérapies que j'ai testées, les unes après les autres, parfois les unes en même temps que les autres. À croire que j'étais chargée d'une enquête pour *Que choisir?*

Les yeux fermés, le médecin-somaticien a imposé les mains afin de ressentir mes vibrations. L'ensemble était plutôt satisfaisant, bien que l'une d'entre elles ait eu tendance à vibrer plus fort que ses petites copines. C'était la colère, beaucoup de colère, et contre moi-même. Le somaticien en a conclu que je ne m'aimais pas alors que j'avais toutes les raisons de m'aimer et, pour me réconcilier avec mon image, il m'a plantée devant un grand miroir, en culotte et soutien-gorge, et a entrepris de détailler chaque partie de mon corps. Il fallait s'extasier sur la texture de la peau, le galbe des cuisses, la courbe de l'épaule et répéter après lui : « J'aime ma peau, j'aime mon épaule, j'aime mes cuisses... » En fait de réconciliation, face au vieux mateur obséquieux, j'éprouvais plutôt la désagréable impression d'être un morceau de viande.

Cette petite séance vibratoire n'a pourtant pas été inutile puisqu'elle a confirmé ce que je savais déjà : que je ne me sens vraiment belle que sous le regard d'un homme aimé et aimant, que le reste du temps je m'accommode avec ce que je vois dans les glaces, et qu'enfin si toutes les viandes étaient aussi appétissantes que moi, je n'allais pas tarder à me convertir au végétarisme.

L'auriculothérapie ayant permis à mon amie Sophie d'arrêter de fumer sans grossir ni déprimer ni s'énerver, j'ai pensé qu'elle pourrait m'aider à cesser d'angoisser. Là, tout s'est passé dans l'oreille, véritable concentré d'énergies dont certaines avaient bien besoin d'être matées. Je suis ressortie affublée de deux pastilles de métal dans chaque lobe ; lorsque l'équilibre serait atteint, elles tomberaient toutes seules et je serais une femme neuve. L'auriculothérapie a eu un effet immédiat : l'étonnement généralisé à la vue de mes drôles de boucles d'oreilles trahissant un manque de coquetterie et de goût désolant. Après la chute de ces bijoux rares, j'ai pu remettre mes breloques préférées et tout est rentré dans l'ordre.

Malgré mon peu d'attraction naturelle pour l'acupuncture et ma première expérience plutôt nulle dans ce domaine, je suis retournée chez un acupuncteur. Contrairement à M. Tchang, adepte de l'acupuncture « recouvrante » qui apaise le symptôme sans s'attaquer à sa cause, le nouveau Paganini de l'aiguille s'appliquait à piquer là où cela fait mal, afin que le mal sorte. L'homme n'était pas sympathique du tout, mais je ne pense pas que ce soit une raison suffisante pour expliquer les tremblements dont je fus saisie à la troisième petite piqûre, ni les sanglots provoqués par la douzième. Insensible à ma détresse, le tortionnaire a expliqué qu'il n'y avait chez moi aucune angoisse mais une infinie tristesse contenue que je devais affronter, seule, puisque personne ne pouvait pleurer à ma place. Après une demi-heure de solitude sanglotante, passée à me demander si je cassais tout dans la pièce avant de me jeter par la fenêtre ou si, au contraire, je me cassais d'abord et jetais tout ensuite, le sadique a daigné revenir et cueillir ses traîtres tuteurs qu'il a rangés dans un tube. C'était « mon » tube et « mes » aiguilles qui serviraient pour toutes les séances à venir. Il ne s'est pas prononcé sur le nombre nécessaire à la liquéfaction de mon chagrin, et je ne lui ai rien demandé. En sortant de chez lui, je suis rentrée chez moi pour ne plus en ressortir pendant trois jours, paralysée par la terreur. J'ai alors eu tout le temps nécessaire pour m'interroger sur l'opportunité de réveiller le chagrin, alors que je m'accommodais fort bien de son sommeil, même agité.

Le nutritionniste a dit que les angoisses étaient des questions demeurées sans réponse et que, justement, mon alimentation apporterait une réponse. Il m'a interdit le café et le déca, le thé, la viande rouge, les pommes de terre le soir, le mélange riz-poisson à tous les repas, et m'a prescrit, chaque matin, d'avaler une crème Budwig arrosée d'une tisane. La pâtée susnommée, composée de fromage blanc et maigre, d'huile de tournesol et de graines de céréales choisies, m'apporterait toutes les bonnes choses que le corps réclame sans qu'on lui donne jamais sa ration. Le mien, affamé, se vengeait en me prenant la tête. Ingurgiter cette bouillie est le genre de perspective qui donne envie de rester au lit jusqu'au soir pour être sûre d'échapper au supplice. Ces petits déjeuners si sains me donnaient l'impression d'être malade et, en regardant Romain, nez et joues barbouillés de confiture, la jalousie me flanquait des aigreurs : « Cesse de tremper tes tartines, c'est répugnant. » Avec la sagesse qui le caractérise, il continuait de se régaler tandis que je déprimais, en essayant de résister à la nausée.

Peut-être parce que je les avalais tout rond, les graines de céréales n'ont jamais voulu me souffler de réponse alors que les résidus d'angoisse continuaient de m'interroger. De moins en moins. Car c'est en rendant visite au grand avaleur de poireau-vapeur qu'un déclic s'est produit. Imperceptible mais réel. Comme un long soupir dont on ne sait plus s'il est de lassitude ou de soulagement. Il devait y avoir un peu des deux dans ce soupir : la lassitude de n'être plus qu'une patiente, voire un cas pathologique, le soulagement de m'apercevoir enfin que je voulais être moi-même.

Ce soupir n'a rien changé en profondeur mais il m'a empêchée d'aller voir un exorciste, dernier spécialiste du genre inscrit sur la liste avant de terminer mon enquête.

Tous ces thérapeutes uniques avaient un point commun : ils se comportaient comme des coiffeurs poussant des cris effrayés dès que vous vous asseyez dans leur fauteuil. « Mais qui vous a fait ça ? » demandent-ils horrifiés, tenant entre deux doigts dégoûtés une mèche de vos cheveux massacrés par un inconscient Figaro.

Les thérapeutes, eux, ne crient pas. Leur rang et leur statut les obligent à l'indignation feutrée, maîtrisée, détachée. Sourire, hochement de tête et haussement d'épaules. L'élégance se double alors d'une condescendance certaine et, grands seigneurs, ils expliquent que leur « confrère » a fait ce qu'il pouvait mais qu'à l'évidence il ne pouvait rien. Entendez par là que tous les autres sont des incapables, mais que vous avez enfin frappé à la bonne porte.

À chaque fois, je marchais et frappais, soulevée par l'espérance. Je venais chercher auprès d'eux des certitudes autant que des doutes, déposer un fardeau qui me pesait et dont j'entendais qu'ils me débarrassent vite et sans que j'aie plus à intervenir. Au vu des résultats, j'étais en droit de m'interroger sur l'efficacité de leurs thérapies et médecines, traditionnelles, parallèles, psychocorporelles, naturelles... et je l'ai fait plus d'une fois. J'émettais quelques réserves mais, pour me convaincre que je ne perdais ni mon temps ni mon argent, je me persuadais que sans eux la situation aurait été bien pire même si, pour être tout à fait honnête, je me demande encore comment cela aurait pu être pire.

Le mieux-être que certains me procuraient durait le temps d'une séance, parfois un peu plus, et je voue une reconnaissance éternelle à ceux qui ont réussi à m'apaiser, bien malgré eux, pendant plus de vingt-quatre heures. Au-delà, les démons se réveillaient et, comme pour se venger de l'humiliation infligée, se déchaînaient avec une rage déconcertante. Ce n'est pas coquetterie que de reconnaître qu'ils étaient plus solides que moi, mais nous étions, eux et moi, également réfractaires aux thérapies en kit. Pour nous mater, la seule solution satisfaisante aurait été la vie communautaire, avec les guérisseurs sous la main, se relayant à mon chevet en alternant une petite aiguille, un training autogène, une bouillie... Après les sept femmes de Barbe-Bleue, les vingt-cinq thérapeutes de Pas-Toute-Blanche. Encore un conte à dormir debout.

Ces techniques de colmatage, dites aussi de « développement personnel » possèdent sans aucun doute des vertus. Encore faut-il que la fissure soit mince. Sinon, au moindre mouvement, le plâtre se craquelle. Pour combler mes béances, il en aurait fallu des tonnes et les maçons du mal de vivre étaient bien trop pressés pour fignoler. Leur souci de rapidité et d'efficacité est sûrement louable mais bâtir sur une zone sismique sans respecter aucune norme de sécurité relève de la négligence. Les médecins et thérapeutes devraient être soumis aux mêmes obligations que les fabricants d'électroménager : satisfait ou remboursé, certificat de garantie à l'appui. Sans aller jusqu'à cinq ans, quelques semaines, voire quelques mois, sembleraient un délai raisonnable en comparaison du prix de la consultation. Ils excellent dans la promotion de leur prétendu savoir, rien ne les empêche d'en assurer le service après-vente.

En l'absence d'une telle réglementation, la consommatrice compulsive que j'étais éprouve, rétrospectivement, la très désagréable impression de s'être laissé berner et se console en pensant qu'elle a contribué à faire marcher le commerce, fût-ce un commerce de dupes qui fonctionne en circuit fermé mais toujours élargi.

Confusion

Quand les forains reviennent, deux fois par an, et que nous longeons les Tuileries, Romain se prend à rêver de monter sur la grande roue. La bonne mère que je voudrais être ne peut lui refuser plus longtemps ce plaisir, d'autant que les cabines se balançant au-dessus du vide apparaissent comme un défi honorable que je me dois de relever. Tir à la carabine, pêche à la ligne, barbe-à-papa, tours et détours, « tu es sûr que tu ne veux pas faire encore un peu de toboggan ? » je traîne, repoussant le moment de, le moment où.

Arrivée sur les lieux, repérage, évaluation de la hauteur de l'engin, répétition du scénario catastrophe, mise au point des cascades de dernière minute et... action ! Nous nous glissons dans une nacelle où une mamie sereine tient la main de son petit-fils extatique. Quand la roue s'ébranle, je pousse de petits cris censés exprimer la joie, l'excitation et l'émerveillement. Ne pas bouger, ne pas regarder en bas, ni à droite ni à gauche, fermer les yeux et répéter que ça va aller, ça va aller, ça va aller, malgré les mains moites et tremblantes, le souffle court, le corps tétanisé, le cœur en accéléré. Tant que tourne la roue, je tiens. Lorsqu'elle s'immobilise pour nous permettre d'admirer les toits de Paris, je défaille. Attirée par le vide en dessous de moi, aimantée, il faut me cramponner pour résister à l'appel.

« Regarde, l'Arche de la Défense ! Oh là là ! Et la Géode, tu crois que c'est la Géode, là-bas ? »

Je crois tout ce que tu veux, petit ange.

Coupez ! Je suis bonne à jeter.

À quelques semaines de cette voltige qui a ébouriffé les crises, nous sommes plusieurs parents-copains à accompagner nos chérubins surexcités dans le brouhaha d'une autre fête foraine. Mathieu est là, presque quinquagénaire placide et solide. Devant la grande roue, il s'arrête, catégorique. « Hors de question que je monte sur ce truc-là... »

Je le regarde, intriguée, mais aussi admirative et envieuse de voir la facilité avec laquelle il avoue ses tares.

« Ah bon ! toi aussi tu te fais des angoisses ?

– Non, mais j'ai horreur de ces engins débiles. »

J'insiste : « Tu ne te forces pas à y aller ? »

C'est lui maintenant qui me regarde éberlué : « Pour quoi faire ? Je ne suis pas maso ! »

Sans le savoir, Mathieu m'ouvre l'horizon.

Suis-je maso ? Ou me suis-je barricadée dans un fonctionnement aussi obsessionnel que débile ? Étourderie, négligence ou commodité, voilà plus de quatre ans que tout battement de cœur, tout clignement de paupière, inattendu et soudain, est rangé par mes soins dans le fourre-tout des angoisses où toutes les émotions se confondent et finissent par se ressembler. Paniquer est un moyen pratique pour m'empêcher de les vivre, gaies ou tristes, avec tous les désordres qu'elles engendrent. Face à la simplicité de Mathieu, l'angoisse m'apparaît comme un refuge facile, l'orgueil démesuré de celle qui, faute d'avoir l'humilité de se reconnaître imparfaite et faillible, préfère s'épargner l'échec en se coupant de tout, enfermée dans une tour d'ivoire où, seule et désireuse de le rester, elle orchestre ses délires en maudissant le monde insensible.

Ce jour-là, Mathieu me signifie que, moi aussi, je peux avoir peur. La folie n'a rien à voir là-dedans, il y a même une certaine sagesse à la reconnaître au lieu de la nier par crainte de déchoir. Si je veux qu'on m'entende, il me faut apprendre à parler, plutôt que de m'époumoner en m'appliquant à rendre mes cris inintelligibles. Dire des mots tout simples. J'ai peur, j'ai mal, je suis heureuse, je suis triste, aide-moi, j'ai besoin de toi.

Respiration

Coincée dans les embouteillages, je suffoque. J'ai déjà avalé une bouteille d'eau et mâché plus d'un paquet de chewing-gums au Lexomil, mais l'angoisse déchaînée menace de me faire exploser, réduite à un enchevêtrement de viscères et de neurones à vif. Dans la voiture il y a des papiers qui traînent, jetés là sans être lus, en attendant une poubelle. Le premier sur la pile est un prospectus pour des cours de yoga que je n'avais jamais regardé. Si je le remarque en plein cœur de la tourmente, ce doit être un signe. Encore un. Je ne m'en lasse pas. Lorsque nous étions petits, mon frère et moi nous mettions en position du lotus pour disputer des courses dites de cul-de-jatte. Mes connaissances en matière de yoga s'arrêtent là, ou presque. J'ai bien entendu parler d'énergie, de méditation, de mantra, de chakra, de Shiva, de karma, mais c'est pire que du chinois et pour cause puisque c'est du sanskrit. Mais après tout, pourquoi pas ?

En entrant chez Sylvaine, j'éprouve le sentiment inexplicable d'être enfin arrivée quelque part. Je lui raconte l'anecdote de la voiture, elle sourit puis, sans poser de question, m'invite à me mettre sur le tapis pour voir ce que le corps peut faire et comment il s'exprime. Des exercices tout simples, rien à voir avec les figures acrobatiques que l'on voit parfois dans les livres, c'en est presque décevant. Pourtant, cela me plaît. Et je reviens, chaque semaine, une heure durant, me mettre sur un tapis qui n'en finit pas de raconter des histoires.

La force de Sylvaine est d'avoir su se débarrasser de tout un folklore orientaliste qui tendrait à nous prouver, à nous Occidentaux ignares et naïfs, qu'un bâton d'encens suffit à entrer en méditation. Médita-quoi ? Elle est bien la première à éviter les grands mots et plutôt que de se réfugier dans une spiritualité de pacotille, elle en appelle à la simplicité terre à terre : lever les bras, baisser les bras, inspiration, expiration, flexion, torsion, prosternation. Travail, discipline, effort, répétition. Nous sommes loin du nirvana mais il ne faut pas se fier aux apparences.

Le yoga de Sylvaine ne me parle pas de tristesse contenue, d'émotions déraillantes, de questions sans réponse. Il ne caresse pas l'angoisse dans le sens du poil, il ne s'apitoie pas, il ne compatit pas. Il constate ce qui est et il se fait. Si, comme lui, Sylvaine ne promet rien, c'est pour m'éviter d'attendre, m'engageant ainsi à chercher par moi-même. Attentive et intuitive, patiente, elle guide, mais n'impose rien. Elle sait que, sur le tapis, je suis seule, embarquée dans une aventure exigeante qui n'a pas de fin ; à peine aperçu, le secret se dérobe, à peine éprouvé, l'apaisement se dissout. Il faut apprendre l'humilité et recommencer, respirer encore et encore lever les bras, sans vouloir retrouver ce qui a disparu et ne sera plus jamais semblable. La répétition n'est plus monotone puisqu'elle permet alors des sensations nouvelles.

On ne raconte pas le yoga : ce serait mettre des mots sur cela même qui tend à s'en débarrasser, au risque de tricher, déformer, verser dans l'approximation quand tout y est précision. Ni gymnastique, ni thérapie au sens galvaudé du terme, « le yoga est la cessation de toute activité mentale », disent les textes. Travail de patience, ardu et aride, pour désapprendre ce que l'on croit savoir, et aborder un monde de perception où l'on ressent sans expliquer. Travail long et déroutant au cours duquel, peu à peu, « quelque chose » se découvre. Ce qui se laisse ainsi éprouver, dans le silence et l'immobilité de la posture indéfiniment répétée, n'est plus de l'ordre de la volonté ni du raisonnement. C'est là, ça rassemble le corps et le mental, ça tient.

Dans la pièce aux murs tendus de vert pâle, sur le tapis bleu ou blanc, j'ai ainsi appris à me tenir debout. Droite et entière, les pieds plantés dans la terre. Et au bout de quelques mois, j'emportais le tapis dans ma tête pour garder la posture.

Plus tard, en me plongeant dans les livres que Sylvaine me recommandait, j'ai lu que le mot yoga vient de la racine *yuj* en sanskrit, « lier ensemble ». Lier le corps et l'esprit, appelé ici mental, grâce à la respiration. Je me demande si, dans mon cas, il ne s'agissait pas aussi de me lier, élève, à un professeur pas comme les autres. J'avais, un temps, redouté la sagesse et le détachement un peu compassés du maître-initiateur, prônant le jeûne et l'abstinence et s'obligeant à la gravité pour être pris au sérieux. Sylvaine est trop lucide pour se contenter de parodie, trop gaie pour s'empêcher de rire, trop gourmande pour passer à côté des plaisirs de la vie. Elle est d'une nature généreuse et curieuse, un élan instinctif la porte vers les autres à qui elle donne sans compter. À moi en tout cas, elle n'a cessé d'offrir, m'invitant bientôt à partager des fous rires ailleurs que sur le tapis. Nous y avons pris goût.

Un jour enfin, Sylvaine, qui a l'art de provoquer les rencontres, a pensé que ce serait une bonne idée que j'aille travailler avec son professeur. J'étais terrifiée à l'avance par la stature du bonhomme, vieil Égyptien aussi intelligent qu'impitoyable. Mais la curiosité l'a emporté. Et j'ai pris rendez-vous avec F.

Mauvais rêve

Le scooter file le long des quais dans la lumière douce de la fin de l'été et je sais à nouveau m'émerveiller de la beauté de la ville. La soirée s'annonce belle et drôle en compagnie d'une joyeuse bande de presque quinquagénaires fêtards pour qui la vie ne vaut rien sans alcool et nuit blanche. Ils m'amusent. Moi, la plus jeune, je me découvre aïeule, évoquant mes dix-huit ans dont j'allais apaiser les tourments existentiels dans les fumées du Bus Palladium et les vapeurs de haschisch. Autres temps, autres fêtards.

Et si « ça » revenait ? La question se pose, s'impose, un rien sournoise. Je l'élude d'un coup d'accélérateur. Elle me rattrape au feu rouge. Tous mes clignotants intérieurs s'allument. Au loin, le sifflement des sirènes. Respire, Pascale, respire. « Ça » ne peut pas revenir. Mais si « ça » revenait ? Suffit !

Je redémarre en trombe. Elle s'élance à mes trousses, me colle, m'aveugle de ses feux de détresse, manque de m'envoyer dans le décor.

Plus vite, Pascale, plus vite. Ne la laisse pas s'approcher, s'immiscer.

Le casque sur ma tête comme une caisse de résonance, je l'entends qui ricane. Elle est à ma hauteur, je ralentis pour la laisser passer, mais elle m'agrippe, patineuse flemmarde et casse-cou qui me toise, insolente, arrogante. En un quart de seconde, la raison s'envole et se noie dans la Seine, m'abandonnant à mes sensations d'hier, intactes. Le monde se dissout. Il n'y a plus rien. Elle et moi face à face pour un corps à corps meurtrier. Je me voûte, me recroqueville pour encaisser les coups. Comme s'il ne s'était rien passé depuis toutes ces années. Des mois d'efforts réduits à néant. M'abandonner, vaincue à sa violence et supplier que cela finisse, vite. Conduite suicidaire, je brûle les feux, slalome entre les voitures, si je meurs, elle mourra en même temps que moi. Consolation dérisoire. Je ne veux pas mourir. Je me préfère vivante angoissée que morte délivrée.

Arrivée à la place des Ternes, je reprends mon souffle. Elle ne hurle plus mais continue de fredonner à mon oreille sa rengaine inusable. J'ai peur. Et comme un animal trop bien dressé, je retrouve mes vieux réflexes d'angoissée chronique que tout effraie. Je ne bois pas de vin de crainte de perdre tout contrôle sur moi et donc sur elle, je caresse mes poignets à la recherche de mon pouls, je joue avec une mèche de cheveux. Déjà, je me résigne, courbe l'échine... Et puis, sans réfléchir, je tends mon verre afin qu'on le remplisse, lâche mon poignet et mes cheveux. Elle est là, qu'elle y reste, tant pis, je suis là aussi et tant qu'à crever mieux vaut s'enivrer avant.

Avec le vin vient l'oubli, et les bras de mon amant noctambule redessinent un monde où le bien-être s'éprouve sans se raisonner.

Au réveil, elle me fait de l'œil. Je la regarde, mais je ne m'arrête pas. Alors elle s'agite, se tortille, se démène, gesticule. Je l'observe un instant mais me fiche de décoder son argot vulgaire.

Un baiser à un homme endormi et je retourne à mes devoirs de mère de famille.

Paris s'éveille en frissonnant dans l'air de l'automne encore vert. Peu de voitures, peu de passants, la ville m'appartient. Le dîner était drôle et la nuit fut douce.

J'ai eu peur. Juste un cauchemar passager.

F.

« Enlevez vos chaussures et venez par ici. »

La porte était ouverte sur un long couloir éclairé à la lumière électrique en plein après-midi, et il se tenait debout dans le fond, adossé au mur, haute silhouette un peu voûtée, le crâne dégarni, avec sur le visage une expression tout à la fois curieuse, amusée, excitée, attentive et implacable.

J'avais tout prévu sauf ça, sa ressemblance avec mon père. Je crois qu'en psychanalyse on aurait dit que tout était en place pour le transfert. Mais je venais faire du yoga.

Troublée et intimidée, j'ai répondu par monosyllabes à ses questions précises, baissé les yeux sous l'intensité de son regard, et me suis appliquée à réussir des postures comme si je briguais une médaille d'or aux championnats du monde de gymnastique.

« Vous n'êtes pas très bavarde, mais je crois que nous pourrons travailler. »

Je redoutais le verdict sans appel de cet homme

intraitable qui refusait des élèves sous les prétextes les plus divers. Trop moches, trop mal habillés, trop bêtes, trop parfumés, trop sérieux... autant de fausses excuses quand il devinait l'impossibilité d'un engagement réciproque. Il prétendait qu'il fallait lui plaire et, pour lui plaire, il fallait l'amuser. Grande godiche muette, j'avais dû le distraire malgré moi. Géant malicieux et ambigu, il m'avait séduite et déjà conquise, sans restriction.

Très vite, F. a pris dans ma vie une place que nul n'avait jamais occupée, et nous ne nous sommes plus quittés. Il y eut d'abord les séances hebdomadaires, puis deux fois par semaine, et parfois trois, lorsqu'il voulait « essayer quelque chose, creuser une direction ». Il aimait me faire peur en répétant qu'il ne savait pas ce qu'il faisait, mais il devinait toujours ce que j'attendais sans même en avoir conscience.

Joyeuse ou cafardeuse, pressée, fatiguée ou paresseuse, quelle que soit la couleur de mon humeur, je ne voulais pas manquer ces heures hors du temps, dans la petite pièce sombre qui contient toute la lumière du monde. Pourtant, après quelques semaines, l'angoisse est revenue, terrible et dévastatrice. Chaque fois que je devais aller chez F. mon cœur cognait. Chaque fois, le malaise était plus dense, jusqu'à ce jour de pure panique où j'ai abandonné mon scooter pour me réfugier dans un taxi qui porterait l'angoisse jusque chez lui, où je la déposerais sur le tapis en attendant qu'il m'en délivre.

À me voir décomposée, il s'est agacé :

« Pourquoi ce refus obstiné d'accepter la peur comme élément constitutif de vous-même ?

– Je veux bien, mais il me faut l'apprivoiser.

– Comment apprivoiser ce que vous refusez de regarder ?

– Mais je ne fais rien d'autre ! La regarder, la contempler, l'observer, la disséquer, la décortiquer !

– Avec votre sens inné de la démesure, vous croyez qu'il suffit de se planter devant elle pour l'affronter. Fermez plutôt les yeux, juste histoire de voir. »

À la fin de la séance, il s'est désolé : « Vous m'emmerdez avec votre psychisme. Ah, si seulement votre mental était aussi intelligent que votre corps !

– Je devrais m'empêcher de penser ?

– Vous ne pensez pas, vous jugez. Le mental n'a pas à faire de commentaire, il est une lampe qui regarde ce qui se fait. »

Ce jour-là, j'ai commencé de m'abandonner. Plus de méfiance, plus de crainte, plus de peur de l'autre qui caresse avant de griffer. Comme si durant ces six années d'angoisse je n'avais fait que marcher à sa rencontre, me préparer à le connaître et à l'aimer, cet inconnu familier qui m'avait comprise et acceptée au premier regard.

Il appelait après chaque séance, curieux de connaître les effets de ce qui continuait de le dépasser. Puis il s'est mis à téléphoner tous les jours, et même plusieurs fois par jour : « Je n'ai absolument rien à vous dire mais que voulez-vous, ce doit être l'ennui ou l'habitude. » Et nous parlions de tout qu'il affirmait n'être rien. Des livres indigestes qu'il me prêtait, « ils sont illisibles, mais vous trouverez toujours une phrase pour faire votre miel » ; de ses élèves, dont certains étaient aussi mes amis ; de ce que j'avais fait la veille, avec qui j'étais sortie, si je m'étais amusée ; toutes ces choses simples et réelles, plus ou moins drôles et jolies, dont nous finissions toujours par rire, parce que « tout cela est sans intérêt et la gravité ne vous va pas ; vous êtes faite pour être légère ».

Parfois, il m'emmenait au cinéma, voir des films américains dont la violente stupidité le mettait en joie, lui qui avait passé une grande partie de sa vie à étudier, lire et réfléchir, et en avait retiré la conviction que rien de tout cela n'est tout à fait sérieux puisque rien n'est tout à fait vrai. Parfois aussi, il m'emmenait dîner dans des restaurants où il avait ses habitudes de gourmet exigeant, et se régalait des regards étonnés des serveurs cherchant à savoir la nature du lien qui me permettait de partager un repas qu'il aimait d'ordinaire à prendre seul ou avec un ami.

Je serais bien en peine d'éclairer ces serveurs. Quel

mot pour dire l'affection que j'éprouve, cette relation complice, tendre et moqueuse, légère et envahissante ? F. n'est ni un professeur, ni un père (« surtout pas un père spirituel, quelle horreur », grondait-il en roulant les *r* avec ce fort accent que j'imitais pour le faire rire), ni un maître, ni un gourou, ni un guide. F. est un cadeau, rare et précieux, dont je m'émerveille à chaque instant, et il a la gentillesse d'aimer notre rencontre.

Moi, pour qui toute confidence est une sorte de viol, qui excelle dans l'art de la fuite, je lui disais tout, me laissant découvrir, percer, sans tricherie. Plus d'une fois j'ai essayé de m'esquiver, mais il me débusquait toujours, attentif et complice, si peu chasseur traquant sa proie. Plus d'une fois aussi, sa perspicacité a engendré des scènes. Il riait : « Vous n'aimez pas que je vous connaisse si bien, peut-être mieux que vous-même. »

Je me drapais dans l'opacité quand il affirmait que la transparence est la meilleure protection contre l'illusion, et que seule elle permet d'approcher au plus près le mystère de nos existences. L'agressivité que je déployais pour me défendre lui était un encouragement à poursuivre. « Appliquez-vous à être méchante, mais ce serait tellement moins fatigant de laisser faire la nature, votre nature. » Cela me semblait aussi beaucoup plus dangereux.

Pour clore la discussion qui risquait de m'emmener où je ne voulais pas aller, je m'inclinais devant lui, les mains jointes : « Merci, maître.

– Enfin, un peu de respect », soupirait-il, les yeux plissés de sourire.

Il aimait jusqu'à mes dérobades. Pour lui, l'esquive était une façon de ne pas s'endormir en chemin, m'obligeant à bifurquer malgré moi, trouver une autre voie, recommencer, et chercher encore, puisque rien n'est jamais acquis. Et lorsque, d'aventure, j'acceptais de reconnaître la justesse de ses propos, il protestait : « Vous m'horripilez avec votre tête d'illuminée. » Il détestait la gravité qui fige et, lui préférant la légèreté qui permet le mouvement, il prenait un malin plaisir à casser ce qui venait tout juste de se construire, effacer l'esquisse à peine ébauchée.

Pour m'expliquer ce qu'est le yoga, il me raconta cette histoire.

Un yogi ayant beaucoup travaillé, et avec les plus grands maîtres, entend un jour parler d'un vieux sage retiré au sommet d'une montagne, méditant en solitaire la vérité du monde. Il n'a alors de cesse de rencontrer le vieil homme et abandonne ce qui faisait sa vie pour aller jusqu'à lui. Il marche des jours, des semaines, seul, porté par l'espoir d'accéder à la connaissance. Enfin, il atteint la retraite tant désirée.

« Maître, dit-il en se prosternant devant le vieillard, dis-moi, qu'est-ce que la vie ? »

L'ermite réfléchit, ferme les yeux en signe de concentration, puis lâche d'une voix pénétrée :

« La vie est un fleuve...

– Non, proteste le yogi effondré de tant de banalité, je n'ai pas tout quitté et tant marché, pour entendre que la vie est un fleuve !

– Ah bon, répond le vieillard inquiet... Parce que ce n'est pas vrai ? »

La vie est un fleuve, toujours le même fleuve, seule son image change dans les yeux qui le reflètent.

Il me racontait la sienne qui avait croisé Picasso et Foucault, Deleuze et Lacan, Peter Brook et Truffaut. Cette vie dont je ne saurai jamais si elle était récit fidèle, enjolivé, ou totalement réinventé. Cela n'a pas d'importance car ses histoires sont belles et je l'aime tel qu'il est, intelligent et vif, drôle et méchant, impitoyable et généreux, attentif et envahissant, rusé et chafouin, amoureux des femmes, du bon vin et de la viande saignante, imprégné de culture, orgueilleux et humble. F. est un vieux sage indigne qui s'applique à montrer que toute vie est vaine, tout être petit et imparfait, et qu'il est inutile et pathétique de nier cette plate condition en la bardant de superlatifs qui, relatifs ou absolus, n'empêcheront jamais de passer avec le fleuve.

« Vous pouvez vous acharner à être très forte, la plus forte, très intelligente ou la plus volontaire, mais c'est toujours dans un souci de comparaison, de compétition avec d'autres, quand la seule tâche est de vous coltiner à vous-même, vous reconnaître telle que vous êtes, sans jugement, et composer à partir de cette réalité. »

Un jour où je m'évertuais à réussir une posture, il a soupiré :

« Vous voulez trop y arriver, cela ne sert à rien, c'est nul... »

Furieuse, j'ai répété la posture, sans même y penser.

« Enfin, cela ressemble à quelque chose, c'est même bien.

– De toute façon, vous m'exaspérez, et je m'en fous.

– Tant mieux, je vous ai toujours dit qu'il fallait travailler de façon anodine. Enfin de la sagesse. »

Il savait que la volonté de s'agripper n'est rien si l'on ne consent parfois à laisser tomber. « Lâcher prise », disent les théories à la mode qui pillent le yoga sans se soucier de nous voler notre âme.

Certains matins, il arrivait que le téléphone sonne avant le réveil. F. se sentait fatigué, préférait remettre, « cet après-midi ou demain, ne vous inquiétez pas ».

La recommandation était superflue : à l'inquiétude qui grignote, sournoise, je préférais la colère qui dévore tout et empêche de penser. « Eh bien, reposez-vous », comme un persiflage, avec un brin de dédain pour le vieillard qui s'écoute et les reproches sous-entendus pour tant de paresse et d'inconscience. Je lui en voulais de ce jeu cruel qui consistait à me faire peur et mal, pour mesurer mon attachement et mon impossibilité à l'exprimer autrement qu'en grinçant.

Tout et surtout n'importe quoi plutôt que d'accepter de voir le vieil homme malade.

Un matin de mars dernier, il a appelé : le malaise de la nuit, plus violent que d'ordinaire, avait nécessité son hospitalisation. Examens, investigation, nouvelle opération, depuis plusieurs années déjà, le cœur de F. s'essoufflait de continuer à battre. Mais comment le croire mourant ? Il s'amusait le diable, tenait des propos salaces, lorgnait les infirmières, et je conjurais la terreur en lui prédisant la fin du héros de Truffaut, cet homme qui aimait les femmes et mourut de cet amour déraisonnable, arrachant sa perfusion pour caresser les jambes qui passaient près de son lit. Entre deux rires, deux « doux babils vides et inutiles », il évoquait parfois la gravité de son mal, mais je refusais de l'entendre. F. ne pouvait pas mourir.

Solitaire et coquet, il refusait les visites et je m'accommodais fort bien de ce refus, les coups de téléphone quotidiens suffisant à maintenir l'illusion de la continuité, à défaut d'éternité. Pourquoi me demanda-t-il un jour de venir jusqu'à son palace aseptisé, pavillon des soins intensifs, quand je le cherchais en cardiologie ?

« Vous ne pensiez tout de même pas que j'allais me contenter de soins courants. »

Des tuyaux, des écrans de contrôle avec leurs

courbes fourbes et leurs drôles de *bip*, et lui, tout en blanc, assis sur son fauteuil, souriant. Il a raconté les journées interminables, m'a demandé des nouvelles du dehors, s'est moqué de ma dernière aventure-éclair, puis, alors même que je commençais à m'énerver de cette hypocrite insouciance, discipline trop connue parce que déjà trop pratiquée, il a planté ses yeux dans les miens :

« Il faut que vous m'aidiez à me préparer...

– Vous dites ça pour me faire peur, vous n'avez pas le droit...

– Non, on ne peut tout de même pas se présenter comme cela, il faut y penser, tous les deux ensemble... »

En partant, il m'a demandé de l'embrasser sur le front, un geste de mon père, comme si l'agonie facétieuse ne se suffisait pas à elle-même. Je l'ai laissé pour pleurer.

Il est rentré chez lui faible, amaigri, essoufflé. Il était moins enjoué, avait perdu le goût de la bonne chère, marchait avec une canne, se plaignait de vertiges incessants et de faiblesse dans les jambes, mais, deux fois par semaine, sur le tapis d'Aladin, il continuait de m'emmener dans des voyages rudes et merveilleux, ponctués d'éclats de rire. Avec lui, je retournais à la source, quêtant un secret qui toujours se dérobe au regard tronqué, déformé, dévoyé, subjectif et partial.

À chaque séance, F. m'approchait de l'essentiel, qui tient en quelques mots qu'avant lui je rejetais de toutes mes forces : c'est comme ça. Mais quel qu'il soit, bon ou mauvais, « ça » n'est jamais définitif, juste un constat à un moment donné, comme un point de départ, un appui indispensable. Tout bouge, de façon imperceptible ou brutale, mais au-delà de l'agitation chaotique, quelque chose existe, solide et constant, immuable, qui n'appartient qu'à soi et que rien ne peut entamer. C'est cela le yoga. À travers la posture et le souffle, une façon de voir, une façon d'atteindre l'équilibre parfait entre le « tenu » et le « lâcher », le nécessaire et l'inutile. Alors vient le plaisir. Je ne sais pour ma part ce que l'on nomme nirvana mais, en me débarrassant des fardeaux fictifs, le yoga me rend légère et joyeuse et me met dans le monde.

F. et moi nous sommes quittés fin juillet. Lui, pestant contre la maladie qui lui interdisait de rester seul à Paris. Et moi qui crânais en l'exhortant à bien s'amuser.

Il disait : « On verra en septembre, mais nous avons fait du bon travail.

– Peut-être, mais je ne sais plus trop où j'en suis.

– C'est normal, nous avons usé certaines choses, vous ne pouvez plus réagir comme avant. Il faut vivre maintenant. »

Une nuit du mois d'août, il est venu troubler mon sommeil. Je voulais prendre rendez-vous, il refusait de me voir... Soudain, le temps des vacances m'a paru lourd et lent. Ni le soleil, ni les rires des enfants, ni la beauté des sous-bois troués de lumière ne pouvaient chasser la tristesse qui m'étreignait, faite de la certitude d'une fin que je refusais encore.

Au retour, le téléphone sonnait dans le vide quand j'essayais de le joindre. Puis il a appelé. Un souffle rauque et inaudible pour dire l'épuisement, le retour d'urgence en ambulance, l'hôpital, la fièvre tenace dont on ne trouvait pas la cause et qui résistait à tous les traitements. Puis il s'est excusé et a raccroché sur une quinte de toux. Quelque chose s'était cassé en lui, la joie et la gourmandise de vivre s'étaient effacées pour laisser la place à la lassitude et à l'étonnement. « Je suis seulement accablé par tant de connerie. »

Pendant deux longues semaines, il n'a plus donné signe de vie. Pure coïncidence, coincée par une sciatique, je me suis mise à boiter, bancale et mal assurée. Pour m'aider à marcher, refusant les cannes que l'on me proposait, je me suis appuyée à son absence, seule façon de retrouver l'équilibre. Plus que la douleur aiguë me déchirant la jambe, la sensation de vaciller a provoqué la souffrance et la tristesse. J'ai pleuré d'avoir mal, si mal à nouveau, toujours trop mal de perdre ceux que j'aimais, m'interrompant parfois pour insulter F. qui m'abandonnait sans me laisser le temps de... Et puis je pleurais encore, des larmes venues de très loin, je ne savais plus ce que je pleurais, qui je pleurais. C'était seulement la tristesse qui coulait, sans colère, presque douce, coulait et coulait encore, sans plus s'arrêter, les larmes qui me vidaient, me lavaient, me délivraient, m'apaisaient.

Il a rappelé enfin. Et j'ai recommencé à me dissimuler sous la « plaisantriste ». Alors il m'a tendu une perche : « Est-ce qu'au moins je vous manque ? »

Le manque, la tristesse, l'inquiétude, la colère injuste, l'amour, la peur, j'ai tout dit, en vrac, vite, pour ne rien oublier de ce que j'avais à lui dire, à lui et à personne d'autre.

Et lui ? C'est comment la mort quand elle n'est plus seulement une idée, on sent quoi, on pense quoi ?

« L'hôpital qui use, lime, lamine, vous n'avez plus d'opinion, vous ne pensez plus, vous n'êtes plus rien, tout juste bon à retrousser vos manches, mais ce n'est pas pour travailler, juste pour vous faire piquer, ausculter, enquiquiner. Enfin, c'est comme ça. Vivre, survivre, ce n'est pas toujours ce que l'on croit, il y a sûrement des définitions à revoir. Pensez-y...

– Je ne sais pas quoi dire.

– Ne dites rien.

– C'est chiant. »

Il n'a pas souligné cette vulgarité qu'il détestait avant et s'est inquiété de moi.

« Vous allez bien au moins ?

– Après deux ans de travail avec vous, je ne peux pas aller tout à fait mal.

– Tant de compliments me semblent suspects, je vous ai connue plus réservée.

– Mais vous m'avez faite plus bavarde, il faut assumer et reconnaître la qualité de votre enseignement.

– Dites plutôt que notre relation était très riche, que nous étions complices, que vous m'aimiez...

– Oui, je vous aime et je regrette de me découvrir dépendante de vous. Je me sens perdue.

– Et moi, je suis dépendant de vous qui pensez à moi. La vie n'est pas autre chose. Quarante ans de yoga pour finir par m'attacher à une grande gigue comme vous, quelle horreur ! Mais il faut que vous sachiez... Je suis heureux que vous existiez. » Puis, se reprenant, il a ajouté : « Je vais parfois jusqu'à la fenêtre que j'ouvre et referme aussitôt. Je ne peux pas priver le monde d'un être aussi exceptionnel que moi. Ne m'enterrez pas trop vite, nous avons encore trois séances de yoga capitales à faire ensemble. Après on verra... »

Lorsqu'il m'a annoncé son transfert à la Salpêtrière, « je ne l'ai pas fait exprès, il ne faut pas m'en vouloir », je me suis mise à pleurer. « Il était temps, j'ai l'impression de prendre pour tout le monde, a-t-il murmuré. Et, puisque vous êtes enfin sage, je vais vous confier un secret : malgré tout ce qu'on voudrait nous faire croire, on ne meurt vraiment qu'une seule fois, et c'est bien suffisant. »

Message entendu. Je suis en vie. Pour cela et pour le reste aussi, merci.

Remise de peine

Suis-je guérie ?

À dire vrai, je ne me le demande jamais. Tout ce que je sais, c'est que je n'oublie pas. Que parfois des images démentes viennent s'intercaler entre le monde et moi. Qu'il me semble alors possible qu'un jour de grande lassitude je m'y fonde...

Mais la vérité est encore ailleurs.

Un après-midi détrempé d'octobre, alors que les fleuristes alignaient déjà les pots de chrysanthèmes, j'ai décidé d'aller voir F. à la Salpêtrière où je n'étais jamais retournée. En marchant le long des interminables allées fléchées, j'ai été assaillie par des souvenirs intacts et vivaces. C'étaient les mêmes vieux bâtiments sales, les mêmes noms des mêmes professeurs, la même grisaille mouillée, la même lourdeur de l'air et du ciel, le même silence épais et chuchotant, et, jusqu'au-dehors, la même odeur de soupe de légumes à l'eau et à l'éther, les mêmes pas assourdis et pressés, la même proximité de la maladie et de la mort palpable. Rien n'avait changé. Rien ne changerait donc jamais...

À ce moment-là, j'ai prié, supplié pour que l'angoisse revienne, et me prenne et m'emporte, pour m'empêcher de vivre et voir ce qui me déchire. Mais prise par la nausée, secouée de spasmes, j'ai dégueulé contre un massif de plantes moroses. Une blouse blanche qui passait par là m'a demandé si elle pouvait m'aider et m'a conduite au pavillon semblable aux autres, entre urgences neurologiques et dermatologie. Je suis restée plantée devant la porte de sa chambre, sans oser entrer puisque F. refusait les visites. Les infirmières ont frappé à ma place.

« C'est génial que vous soyez là », puis il a affiché son sourire narquois : « Vous ne pouvez vraiment pas vous passer de moi, je ne me débarrasserai jamais de vous. » Il a tendu sa main à la peau si fine et très douce au bout du poignet bleui par les perfusions en tout genre, et je l'ai gardée entre les miennes. Il n'a presque rien dit. Juste quelques mots. « C'est à mon tour maintenant d'avoir peur, tellement peur. »

F. est toujours à l'hôpital. Et plus les jours passent, plus je me moque de savoir si je suis guérie. Aujourd'hui je ne suis pas angoissée, mais je suis triste. Aujourd'hui c'est comme ça... Demain ?

En marge du yoga, F. a eu assez d'amour et de générosité pour me permettre de rattraper mes souvenirs en suspens, m'offrant en cadeau la mémoire, cette part niée de moi-même qui me faisait chavirer.

Alors, demain sera un autre comme ça. Mais ça ne sera plus jamais pareil.

Parce que je ne peux plus me dérober au devoir de vivre et d'aimer.

Cet ouvrage a été réalisé par la
SOCIÉTÉ NOUVELLE FIRMIN-DIDOT
Mesnil-sur-l'Estrée
pour le compte des Éditions Anne Carrière
104, bd Saint-Germain 75006 Paris
en mai 1997

Imprimé en France
Dépôt légal : février 1997
N° d'édition : 00066 - N° d'impression : 38767